A IMPERATRIZ DA
LAVA JATO

NELMA KODAMA
DEPOIMENTO A BRUNO CHIARIONI

A IMPERATRIZ DA
LAVA JATO

A VIDA DA DOLEIRA QUE ORIGINOU A MAIOR OPERAÇÃO DE COMBATE À CORRUPÇÃO NO BRASIL

© 2019 - Nelma Kodama e Bruno Chiarioni
Direitos em língua portuguesa para o Brasil:
Matrix Editora
www.matrixeditora.com.br

Diretor editorial
Paulo Tadeu

Capa, projeto gráfico e diagramação
Allan Martini Colombo

Foto da capa
Jefferson Coppola / Abril Comunicações S.A.

Revisão
Silvia Parollo

CIP-BRASIL - CATALOGAÇÃO NA PUBLICAÇÃO
SINDICATO NACIONAL DOS EDITORES DE LIVROS, RJ

Chiarioni, Bruno
A imperatriz da Lava Jato / Bruno Chiarioni. - 1. ed. - São Paulo: Matrix, 2019.
168 p. ; 23 cm.

ISBN 978-85-8230-582-9

1. Kodama, Nelma, 1966-. 2. Brasil - Política e governo. 3. Corrupção na política - Brasil. I. Título.

19-59365
CDD: 923.2
CDU: 929:32(81)

Meri Gleice Rodrigues de Souza - Bibliotecária CRB-7/6439

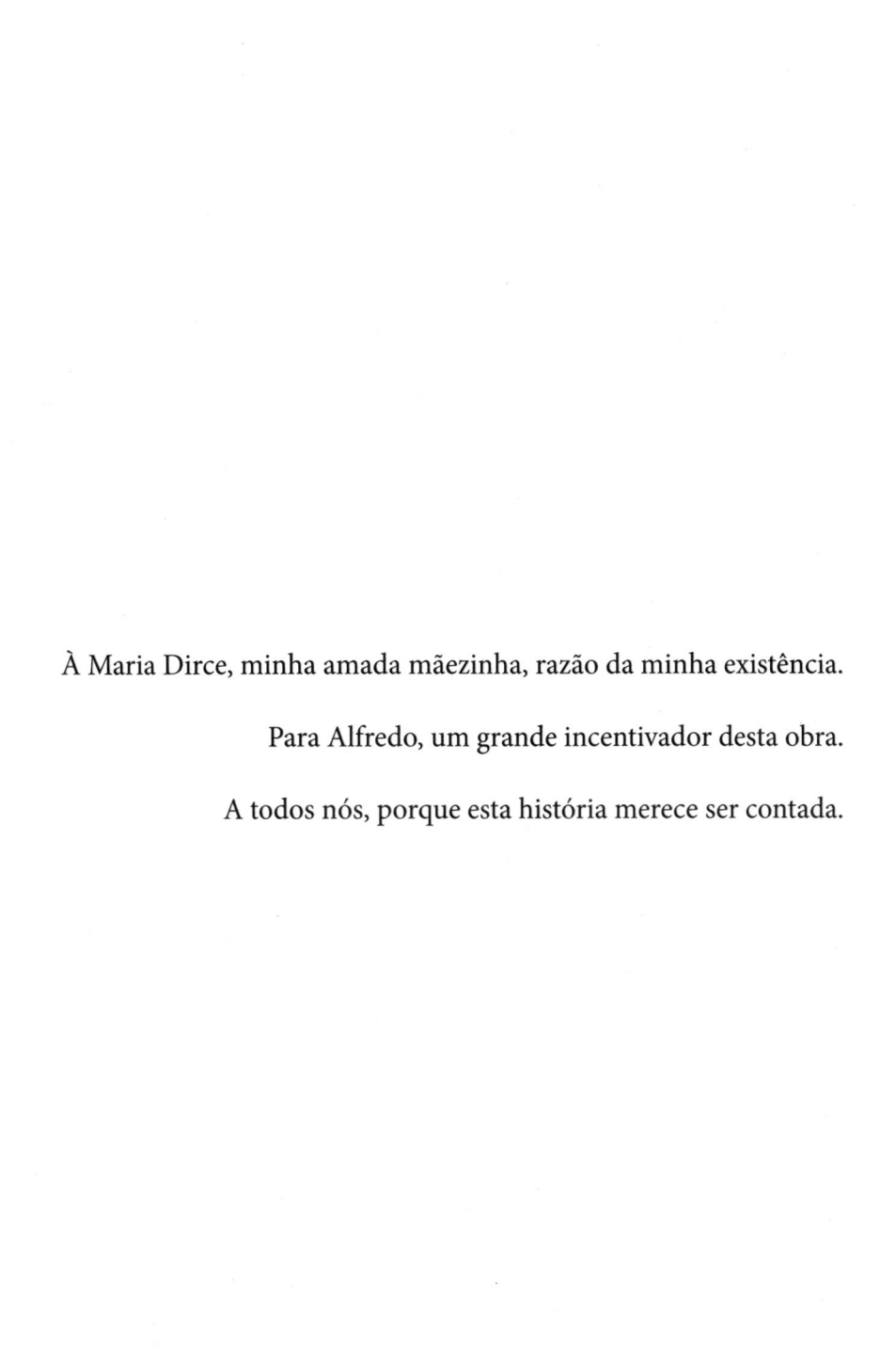

À Maria Dirce, minha amada mãezinha, razão da minha existência.

Para Alfredo, um grande incentivador desta obra.

A todos nós, porque esta história merece ser contada.

Sumário

Apresentação 13
Dona Nelma, aqui é o fim da linha 19
Todos em fila indiana, de cabeça baixa e sem conversa 27
Alô, pago 1 e vendo a 2 dólares 35
Muito mais do que uma simples doleira 41
No coração da Lava Jato 45
Comerás do fruto do teu trabalho, serás feliz e próspero 51
Está pronta para conhecer o inferno, dona Nelma? 55
Olhei para o Beto e gelei: meu Deus, é o homem da minha vida ... 61
O Beto e a Polícia Federal: velhos conhecidos 67
Desventuras de um triângulo amoroso 73
De volta ao coração da Lava Jato 77
Amada amante 79
A delação-bomba 83
Meu querido diário – parte I 87

Quem são esses dois delinquentes? Que horror... acho que os pais não deram educação... ... 103

Nem toda fruta é igual à outra; existe aquela diferenciada por seu conteúdo rico e beleza duradoura. ... 109

Outras histórias da Polícia Federal de Curitiba ... 113

Meu querido diário – parte II ... 117

Dois anos, três meses e onze dias depois, livre!? ... 125

Minha entrevista para a *Veja* ... 131

Um certo grupo de WhatsApp ... 135

A verdade de nossas relações ... 139

A Lava Jato ganha a ficção ... 143

Uma mulher de polêmicas e de opinião ... 145

A questão das joias ... 149

Sobre os meus bens ... 151

O ministro Moro ... 155

A Polícia Federal e os grampos ilegais ... 157

Me chama que eu vou ... 159

Recomeço ... 161

Anexos ... 165

Devemos estar dispostos a nos livrar da vida que planejamos, para podermos viver a vida que nos espera.

Joseph Campbell

O real é miragem consentida,
engrenagem da voragem,
língua iludida da linguagem
contra o espaço que não peço.
O real é meu excesso.

Antonio Carlos Secchin, no livro *Desdizer*

APRESENTAÇÃO

A personagem pelos olhos de um jornalista

O convite partiu de um amigo jornalista em comum. "Você precisa conhecer a Nelma. Só você para contar a história dela." "Nelma, você precisa conhecer o Bruno. Só ele para ajudá-la a escrever sua biografia."

Primeiros dias de maio de 2019. Marcamos um encontro despretensioso no QG[1] de onde a maior doleira do Brasil um dia operou seus negócios: um café no centro financeiro da maior cidade da América Latina, na Avenida Paulista, em São Paulo. Até aquele momento, Nelma era, sobretudo, um nome tipicamente conhecido das manchetes dos jornais, telejornais, sites de notícias e, principalmente, de suas próprias redes sociais, onde sempre causou encantamento de seguidores fanáticos ou barulho por polêmicas publicações de fotografias, sempre em poses bem produzidas, que realçam a tornozeleira eletrônica em sua perna esquerda.

Antes de qualquer apresentação, vamos aos fatos. Nelma Kodama é a doleira que foi presa na pista do Aeroporto Internacional de Guarulhos, em São Paulo, momentos antes de subir à aeronave, na antevéspera de uma histórica operação da Polícia Federal: a Lava Jato. Ela deveria embarcar para Milão, na Itália, onde tinha marcado reuniões de negócios mobiliários, de acordo com suas palavras. Naquela noite de sexta-feira ela carregava 200 mil euros que, segundo a Polícia Federal,

---

[1] QG - Quartel-general. O local em que as transações eram negociadas e efetivadas. (N. do A.)

eram transportados na calcinha. O fato caiu no imaginário popular. O roteiro chega a ser cinematográfico. O ano era 2014.

Nelma não é uma mulher qualquer. Nelma não é uma criminosa qualquer. Sobre ela pairavam ainda outras tantas passagens polêmicas, dignas de uma "bandidona do crime", no jargão popular: a mulher que usava codinomes, como Angelina Jolie, Cameron Diaz e Greta Garbo nas assinaturas de seus e-mails; foi amante do doleiro Alberto Youssef, considerado pela própria PF um dos principais operadores do esquema de corrupção da Petrobras – juntos, viveram a sorte e o azar tanto no amor quanto nos negócios; uma doleira que movimentou bilhões de dólares em operações consideradas criminosas; uma bem-sucedida "empresária", que circulava pela cidade de São Paulo a bordo de seu Porsche Cayman branco, modelo esportivo, vestida de cima a baixo com a sua marca de luxo preferida, Chanel; a presa de cabelos raspados, porte magro e vestes simples, que quebrou o protocolo ao depor na Comissão Parlamentar de Inquérito (CPI) da Petrobras, ao definir seu envolvimento com Youssef através do trecho de uma música de Roberto Carlos: "Amada amante. Então, quer coisa mais bonita que ser amante? Você ter uma amante com quem você pode contar, ser amiga dela"; a colecionadora de um acervo de obras de arte, pintadas por grandes artistas brasileiros, como Di Cavalcanti, Iberê Camargo, Antônio Gomide, Cícero Dias e Heitor dos Prazeres, peças caríssimas que Nelma exibia com orgulho nas paredes de seu luxuoso apartamento na zona sul de São Paulo, de mais de 500 metros quadrados, avaliado em muitos milhões de reais.

Nelma, de fato, não era só mais uma personagem. Mas quem era a mulher por trás da doleira que deixou a cadeia em uma colaboração premiada, que ela considera suspeita, para viver em outra prisão? Ela ganhou as ruas em 2016 com uma tornozeleira eletrônica que monitorava todos os seus passos, a proibia de deixar os limites da cidade e a ter contato com o mundo exterior a partir das 22 horas, principalmente aos sábados, domingos e feriados. Em agosto de 2019, enquanto as últimas linhas deste livro eram escritas, Nelma recebeu um indulto da Justiça Federal. Ela transmitiu ao vivo, pelo Instagram, a retirada da tornozeleira, tamanha sua alegria por esse momento, o que lhe causou uma repreensão pelo juiz, classificando o ato como "um desserviço à sociedade brasileira".

Voltando ao dia de nosso encontro, em maio, Nelma chegou 45 minutos atrasada. Por muito pouco meu amigo e eu não desistimos. Ela vinha da podóloga, de Uber. Como o motorista era inexperiente, ela, impaciente, decidiu assumir a direção. Nós nos encontramos na saída do tal café. Difícil avistá-la em meio à multidão do meio-dia da Avenida Paulista. Logo depois ela desponta vestindo camisa de seda branca com bolinhas pretas e mangas curtas, calça jeans, sapato-rasteira Chanel e uma bolsa de couro da mesma marca. Os cabelos pretos encaracolados, um par de brincos pequenos e batom vermelho discreto compõem o visual. Faz calor na cidade.

Nelma chega sorridente, agitada e de fala rápida. É aquele tipo de pessoa que adora demonstrar afeto ao andar de braços cruzados entre amigos. Descemos os três a escada rolante e sentamos em outro café, bem próximo a seu antigo QG.

Tomamos um expresso. Nelma prefere um cappuccino grande com pão de queijo. Passamos a conversar sobre tudo: do Brasil sob o comando do presidente Jair Bolsonaro, da crise financeira, das oscilações do dólar, do descrédito do mercado em geral e, principalmente, do ministro da Justiça e Segurança Pública, o então juiz Sergio Moro, o homem que considerou a Nelma "a maior mente criminosa do Brasil". "Magistratura e política são duas coisas muito diferentes. Boa sorte, Sergio Moro", foi como ela classificou a ida do então juiz para o Ministério da Justiça, quando procurada pelos jornais no final de 2018. Falamos também de corrupção nos poderes, de Lava Jato e de notícias envolvendo Alberto Youssef, o homem que Nelma não esquece. Quando ela fala dele, sua feição muda: difícil definir se ainda existe amor, mas uma espécie de carinho é inegável. Tudo em Nelma é intenso. A vida, os prazeres, o cappuccino que toma, os diálogos que estabelece, a conversa trivial que se inicia. Ela é um misto de afeto com sinceridade, apesar de saber muito bem que "não há almoço grátis", frase que ela solta volta e meia durante essa conversa inicial. O tempo no cárcere a fez valorizar os momentos mais frugais da existência.

Entrego uma cópia do meu livro *Memórias do que somos*, sobre a história de uma tragédia familiar – a morte de meu irmão mais velho, que se suicidou aos 18 anos com um tiro na cabeça, no dia de minha festa de aniversário de 12 anos. Na frente de todos, em casa, com a arma de meu pai. Confesso: quis impressioná-la. De certa forma, uma maneira de Nelma enxergar o jornalista que viria a transformar suas passagens em palavras. Ela conta ter recebido diversos convites para ter a vida retratada em livro – "livro-reportagem, biografia e até romance, inclusive". Quem sabe um filme, uma série do Netflix? Porém, sempre se mostrou reticente. "Falar com quem não conhece, não se tem intimidade, é complicado. Afinal, é a sua vida." Concordo. Sobretudo em abrir os segredos mais delicados, excitações da alma, pensamentos soltos, amor, dissabores. Nelma conta o que espera do livro e de que maneira pensa relatar sua história. "Já vai pensando no fim como algo grandioso. Talvez a gente possa colocar um pouco de ficção, apimentar mesmo essa personagem", ela diz, rindo.

Misturar ficção com realidade. Uma liberdade criativa que só uma obra como esta poderia mesclar. De fato, a jornada de Nelma não é somente mais uma narrativa de vida. Logo percebo que estamos diante de uma mulher que viveu os sentimentos mais simples em alta adrenalina: ela amou, traiu, foi traída, lavou dinheiro, viveu o luxo e o lixo, conheceu a realidade da cadeia, os sons, os dramas, as incertezas e, por que não, os sonhos do cárcere. Ela sabe demais e não disse tudo o que viu. Nem pode dizer em sua completude, tampouco revelar todos os nomes de personagens que passaram por seu caminho profissional. Hoje ela só busca se reerguer e mudar o fim dessa trajetória.

Mergulhada em dívidas na Receita Federal que beiram as dezenas de milhões, contraídas pelos desdobramentos da Lava Jato, a Nelma da vida real, pouco a pouco, reconquista o respeito e a credibilidade de um novo mercado.

Nessa primeira conversa, a todo o momento busco seu olhar. Confesso, muitas vezes, não acreditar em seus tantos predicados, mas adjetivos não lhe faltam. Nelma é comunicativa, de fala envolvente e muito sedutora. Extremamente sedutora. Ela faz questão que todos a admirem na lábia, em poucos minutos.

Nelma anota meu telefone e me manda um "Oii" no WhatsApp para salvar o contato. Estampa uma foto bem diferente no perfil do aplicativo: ela está de cabelos lisos, camisa branca de renda, e uma expressão de mafiosa. Parece usar lentes de contato azuis. Será? Ou seria apenas o reflexo do sol cortando a imagem?

Antes de nos despedirmos, combinamos um novo encontro para iniciarmos o projeto. Nelma promete me procurar. Iniciamos as conversas. Encontros pessoais, sobretudo nos fins de semana, quando ela se mantém reclusa em seu apartamento, além de longas mensagens e áudios trocados por WhatsApp. Em uma das noites, ela logo dá o recado: "Mas já vou avisando... Para me ajudar a escrever minha biografia, você deve estar fascinado pela personagem e pensar como ela. Como ela faria ou como agiria em tal situação. Para isso, vou aguçar seu lado feminino". Mas é bom deixar claro: antes de tudo, sou um jornalista.

Este é um livro sob a perspectiva de Nelma. Em primeira pessoa, revela suas ações, suas impressões e suas rubricas. O objetivo é revelar os intramuros da chamada República de Curitiba, em uma visão nunca antes divulgada sobre a mulher que originou a Lava Jato, bem como um mergulho em seus diários de cadeia, escritos durante o tempo em que esteve isolada do mundo encantado que, um dia, a fez glorificar.

Bruno Chiarioni

Dona Nelma, aqui é o fim da linha

Era uma sexta-feira cinzenta e chuvosa de março. O ano: 2014. Parecia um dia normal, como outro qualquer, exceto que algo me incomodava, uma intuição ruim pairava no ar e me deixava inquieta. Mesmo assim, segui com meus compromissos sem imaginar que aquele dia mudaria a minha história, a de minha família, e também a história do Brasil.

Eu vivia o meu melhor momento na vida profissional, me sentia feliz e realizada com o meu trabalho, minhas conquistas, meu novo lar e meu espaço no mundo. Mas a angústia e o aperto no coração inexplicavelmente prosseguiam. Dias antes, eu me vi no quarto de hóspedes de meu apartamento, perguntando: "Será que eu conseguiria viver num quarto pequeno como esse por um ou, quem sabe, vários anos?" Quem sabe? Pensamentos assim surgiram na minha mente nos últimos dias. Mas essa não era uma pergunta em vão: já havia tempos eu desconfiava que estava sendo seguida e minhas ligações telefônicas, monitoradas.

Eu sempre soube como tudo terminaria. Não me pergunte o porquê, mas era como se fosse uma espécie de sensibilidade, de que as coisas na vida já estão traçadas para as pessoas. A diferença é que eu consigo reconhecer os caminhos preparados para mim. Intuição ou predestinação?

No início do ano, em janeiro de 2014, eu havia decidido que tornaria minha profissão informal de doleira em uma atividade oficial: teria uma distribuidora de câmbio – uma Distribuidora de Títulos e Valores Mobiliários (DTVM). Fui então batalhar com minha equipe atrás dessa meta. Eu sempre soube que tinha nascido para o comércio. Paralelamente a esse projeto, eu planejava montar no novo Terminal 3 do Aeroporto Internacional de São Paulo, em Guarulhos, uma loja butique de decoração com os móveis da Genus Mobili, do designer Germano Cavalli, de Galliera Veneta, uma comuna da região do Vêneto, província de Pádua, no norte da Itália. O belo e o artístico sempre me fascinaram. A loja trabalharia com móveis italianos, pisos, revestimentos, lustres de cristais de Murano, esculturas e objetos de luxo. Algo como uma Casa Cor em pequena escala, uma loja butique que poderia ser um sucesso, visto o grande trânsito de pessoas naquele local. Ficaria funcionando por um ano no aeroporto até atingir a projeção esperada, e depois a ideia era se mudar para uma casa na região dos Jardins, bairro nobre de São Paulo. Marquei uma reunião com Germano em Milão, para conversarmos sobre os detalhes iniciais da loja, algo rápido, pois eu já tinha outra reunião no Brasil com um representante da DTVM.

Mais algumas horas e eu estaria na Itália. Estava ansiosa e mal conseguindo esperar para poder representar aqueles móveis e também alguns revestimentos maravilhosos que eu havia pesquisado. Porém, depois da última reunião no aeroporto de Guarulhos com minha secretária e um engenheiro, na época o coordenador de obras no GRU Airport que me dava apoio e consultoria nesse projeto, não sabia se minha loja rolaria. Os aluguéis no Terminal 3 estavam supervalorizados, realmente o olho da cara, uma verdadeira fortuna.

– Dona Nelma, segura essa ansiedade.

O engenheiro me disse, rindo. Então respondi:

– Deixe-me ver como serão as tratativas em Milão em relação a essa representação e voltamos a conversar.

Incrível como eu já sentia perfeitamente a brisa e o cheiro característico da Piazza del Duomo, dos cafés e da Galeria Vittorio Emanuele, com suas lojas de grifes e aquela gente do mundo todo. Minha mente já estava na Itália, com seu requinte, sua excentricidade.

Naquela sexta-feira fatídica, chegando ao final do expediente, eu saí do escritório, como de hábito atrasada, junto com a minha secretária, amiga e assistente para assuntos diversos, e fomos para meu apartamento pegar a pouca bagagem. Sempre carrego pouca bagagem em viagens curtas. Era o mínimo necessário para dois dias. A atmosfera estranha continuava. Chegando em casa, a energia elétrica misteriosamente acabou e eu não conseguia achar meu passaporte.

    No caminho para a cozinha, passei pelo piano e produzi um rápido DO-SI-LÁ-SOL. Então, reparei na poesia da lua refletida no piso entre meus sofás Yin Yang. Ah, quantas recordações naquele cantinho especial. Aproximei-me das janelas e lá estava ela: uma lua gigante no céu, com um prateado alaranjado de causar tremedeira e frio na barriga. Havia chovido no início da noite, mas naquele momento o clima estava agradável, com céu limpo e fresco. Amo a liberdade e sou apaixonada por noites como aquela, geralmente calmas e misteriosas. Do 14º andar, no meu apartamento, observei um casal caminhando na esquina da padaria. Eles seguiam abraçados e aparentemente apaixonados. Do outro lado da rua, vi uma moça parada com seu cachorrinho amarrado à coleira observando o casal – seria alguma solteira sonhando com o namorado? Uma vida à espera de um grande amor, capaz de fazê-la cometer as maiores loucuras por uma paixão? Acredito que para conquistarmos algo na vida, não é necessário apenas força ou talento, mas, acima de tudo, ter vivido um grande amor, uma grande paixão. Paixão é o que nos move. Paixão é fundamental, pois produz uma química em nosso organismo que é o "X" da questão.

    Segui até a cozinha e observei o relógio de parede que havia trazido de meu antigo apartamento – ele tem um mostrador vermelho redondo, com ponteiros e números brancos, e combinava com a cozinha anterior que tinha revestimento de pastilhas vermelhas na parede. Peguei um copo de água que a Conceição, minha faz-tudo, havia deixado separado sobre o balcão, próximo do purificador de água. Conceição é uma querida, típica nordestina, baiana, que trabalha comigo nas arrumações da casa há mais de vinte anos; eu a considero uma pessoa próxima, de fácil acesso e sem rodeios. A simplicidade em pessoa. Para mim, a simplicidade é uma forma de leveza, e nas relações humanas ela faz a diferença, pois quem a cultiva tem a facilidade de tornar leve o ambiente em que vive. Não cria confusão por pouca coisa, não coloca sua atenção no que é eventual, mas prende os olhos naquilo que verdadeiramente vale a pena. Como esse cuidado que ela teve em posicionar meu copo, tornando algo prático e usual.

Peguei, enfim, minha malinha com as poucas roupas, liguei para a minha família (mãe, sobrinha e irmão) para me despedir e seguimos para o aeroporto. Eu vestia uma calça jeans, camiseta branca, uma jaqueta e tênis. Sempre gostei de viajar assim, de maneira elegante e confortável. Cheguei atrasada, fiz o *check-in* rapidamente, e me perdi no *Duty Free* por causa de uma reforma. Por conta disso, a companhia aérea trouxe uma van para me levar até o avião. Chegando ao pé da escada do avião, a van parou. O motorista se virou para mim e disse:

– Dona Nelma, aqui é o fim da linha.

Foi então que me dei conta, meio que estupefata, que aquele homem parado em frente à escada era um policial federal. Ele me disse que houve uma denúncia anônima de que eu transportava drogas e que teria de acompanhá-lo. Eles iriam revistar a bagagem na delegacia da Polícia Federal. Eu não carregava drogas, o que havia nos bolsos da calça eram 200 mil euros, que eu não declarei porque o posto da Polícia Federal estava fechado – aquilo deveria ser um mal-entendido. E a última coisa que eu queria era perder aquele voo.

"Dona Maria Dirce, cadê você, mãezinha?". Nesses momentos estranhos, sempre surge a figura dela em minha mente. Adoro o colinho de *mamis*.

Eu ainda não acreditava que tudo aquilo estava acontecendo.

– Isso é um absurdo! Eu não carrego entorpecente, tenho só esses 200 mil euros comigo! Não posso perder esse voo, pois tenho uma reunião importante em Milão.

O policial não fez questão de ouvir minhas argumentações.

– Senhora Nelma, a senhora terá que nos acompanhar até a delegacia da PF aqui na GRU, e lá dará as devidas explicações. Sua mala terá que ser revistada.

Acompanhei o agente federal. Eu estava calada e pensativa, bem diferente do narrado no livro *Polícia Federal: a lei é para todos*, da editora Record, do jornalista Carlos Graieb e da auditora Ana Maria Santos. Eu nunca fui uma mulher que se comportava como uma oferecida, "uma doleira esperta e ardilosa", que conversava com "voz açucarada", de "maneira desinibida, acariciando o agente federal, jogando charme e sensualidade". Eu jamais lancei "um olhar malicioso" a policiais e tentei tocar "nos botões da blusa, insinuando que iria desabotoá-la ali mesmo". Hoje eu digo que a Nelma retratada na obra está romanceada de maneira grosseira e extremamente vulgar.

O jornalista Vladimir Netto também carregou nas tintas de minha personagem, no livro *Lava Jato: o juiz Sergio Moro e os bastidores da operação que abalou o Brasil,* da editora Primeira Pessoa. Nele, também fui retratada como uma mulher que adorava jogar charme aos agentes e provocar, sempre tentando seduzir ou desviar o foco. De fato, nunca uma mulher poderá ser bem-sucedida profissionalmente neste país. Sempre será preciso desmoralizá-la. Até quando será assim?!

Na Polícia Federal, eu só pensava nos meus inúmeros compromissos e como poderia remanejá-los depois desse incidente. Jamais imaginaria que, em vez de acordar em Milão, eu acordaria na delegacia; essa constatação era chocante. Na conversa com o delegado, eu saquei os 200 mil euros dos bolsos de minha calça e os coloquei sobre uma mesa. Outro ponto: não houve essa história de que quis ir ao banheiro desacompanhada para tentar dar fim ao dinheiro. Eu mesma fiz questão de entregar a quantia que, volto a dizer, não foi declarada porque o posto da PF estava fechado. Vale lembrar que meu voo seria durante a madrugada.

Eu estava calma. O delegado Maurício Grillo era quem se mostrava agitado e tenso. Eu só fui entender o motivo dessa reação dias depois, quando a Operação Lava Jato foi deflagrada. Uma operação que iria mudar o Brasil. Sobre isso eu conto mais adiante...

No posto da PF, me informaram que eu ficaria detida porque aquele dinheiro era ilegal. O delegado de plantão fez o boletim de ocorrência em razão do flagrante. Eu estava enquadrada por evasão de divisas. Liguei para o meu advogado, pedi para avisar minha família somente às 10 horas da manhã seguinte, hora prevista para minha chegada à Itália. Eu estava muito calma, sabia que logo tudo seria esclarecido, eu não tinha nada a temer. Dei meu depoimento para o delegado, expliquei o motivo da viagem e todos os detalhes.

Aliás, é muito importante esclarecer aqui um grande mal-entendido. Mais um registro de que ser mulher neste país é só para as determinadas! Eu não levava os 200 mil euros na calcinha como foi noticiado pela imprensa na época. A história dos euros na calcinha foi um grande absurdo que construíram sobre minha imagem. Criaram um factoide para me tachar como a "bandidona", disposta a qualquer coisa para se dar bem. Só para explicar de vez: o dinheiro, dividido em dois pequenos montes de notas de 500 euros, estavam nos bolsos detrás de minha calça jeans.

Naquela madrugada, primeiro tive autorização para ligar para o meu advogado e falar do ocorrido. Pedi também para falar com um funcionário que estava em Milão, me aguardando para as reuniões. Falei o que tinha acontecido e acrescentei:

"Eu fui detida aqui. Estou indo para a Disney".

Esse era o código para que ele enviasse mensagens à minha equipe para destruir tudo, qualquer tipo de documento que pudesse nos comprometer. Era a chave-mestra. Eu não sabia que haveria uma operação no dia 17 de março, mas eu sempre mantive essa precaução.

Em seguida, enfrentei um verdadeiro interrogatório pelo delegado de plantão. Ele queria saber os motivos da minha tentativa de embarque. Fui, então, levada para uma cela minúscula. Na cela vizinha havia um boliviano, que tinha sido preso por narcotráfico. Ele gritava muito dizendo que era inocente. Fazia frio e eu precisava de um banho. Mesmo assim, o cansaço me venceu. Peguei a jaqueta e fiz de travesseiro. Acabei dormindo num banco de alvenaria com revestimento de espuma, bem velho e surrado. Acordei na manhã seguinte com o agente distribuindo marmitas com arroz, feijão e carne aos detidos. O boliviano não aceitou a refeição e jogou o embrulho. O agente que servia disse:

"Já que é assim, ninguém vai comer hoje".

Eu não sentia fome, aquilo tudo era muito surreal e nada fazia sentido para mim. Dois agentes vieram me buscar para fazer o exame de corpo de delito, para depois ser transferida para a sede da PF na Lapa, zona oeste de São Paulo. Já era fim de semana. Naquele momento eu só pensava que em breve poderia sair dali, a partir de um alvará de soltura, um *habeas corpus* do meu advogado. A ficha ainda não tinha caído, era como se eu tivesse vendo um filme daquilo que estava acontecendo. Ao mesmo tempo, a sensação que eu tinha, conforme o carro andava e via as pessoas, os prédios, era de que demoraria muito para voltar a ter a liberdade diante de meus olhos.

Já era tarde quando fui para a ala feminina da PF da Lapa, na companhia de várias mulheres. Lá havia uma senhora que se dizia agente da CIA, o serviço secreto americano, que esperava ser extraditada porque tinha denunciado o envolvimento da CIA com a Yakuza, organização criminosa de origem japonesa. Uma história maluca da qual eu não entendi nada. Ela me ofereceu seu espaço, um colchão, roupas limpas e alguns doces. Eu sentia fome, mas não conseguia comer. Contei minha história para uma colega de cela, que me consolou dizendo que me protegeria e que logo meu advogado conseguiria meu alvará de soltura. Encontrei ainda uma família inteira envolvida com o crime. A quadrilha montou uma central telefônica que desviava dinheiro de caixas eletrônicos. Havia outras mulheres presas por tráfico internacional de drogas. A maior gritaria, pessoas falando alto, uma confusão só. As celas não tinham vaso sanitário, eram fossas no chão. Eu não conseguia fazer nada além de dormir, devido ao estado de choque. Aquele aperto no coração me dizia que algo de muito ruim ainda estava para acontecer e que aquela situação não seria tão simples. No fundo, eu sempre soube que seria assim. Mais uma vez: intuição, resignação ou apenas uma parte aflorada de mim? Aquelas pessoas e aquele lugar não faziam parte de meu mundo e de minha vida. Eu passei a maior parte do tempo dormindo. Era um lugar muito estranho.

Na segunda-feira, quando amanheceu, acordei por volta de seis e meia. O agente me chamou e o acompanhei até a sala do delegado, que era o mesmo que havia me prendido no aeroporto. Achei aquilo muito estranho, mas como eu estava atordoada, relevei. Ele me entregou um papel: "Mandado de prisão preventiva de Nelma Mitsue Penasso Kodama", assinado pelo juiz Sergio Moro. Pensei: "Algo de muito, muito grave está acontecendo". Eu não estava me sentindo bem, estava com muita tontura. Assinei o mandado e voltei para a cela.

A senhora, minha "protetora", me perguntou o que eu fazia na vida, quando naquele exato momento apareceu na TV uma chamada do jornalismo (a primeira do escândalo) sobre a operação inédita da Polícia Federal, intitulada Lava Jato: muitos mandados de prisão e de busca e apreensão expedidos; a maior operação já vista pela PF e que envolvia quatro dos maiores doleiros do Brasil. Eu fiquei pálida, juntei as peças, não queria acreditar no que estava acontecendo. Minha imagem apareceu na TV, minha colega de cela olhou para a imagem e se voltou para mim:

"Parece que você e os demais presos dessa operação serão transferidos para Curitiba".

Só me lembro de ter ouvido no noticiário da manhã o nome de Alberto Youssef como um dos presos. Naquele momento veio um filme à minha mente. Lembro-me de ter ouvido o meu nome também. Pensava em como tudo aquilo iria terminar. Mas, pelo visto, uma grande confusão ainda estava por vir.

Todos em fila indiana, de cabeça baixa e sem conversa

Com a Operação Lava Jato nas ruas, comecei a entender o comportamento agitado do delegado Maurício Grillo na noite em que fui presa na pista de embarque de Guarulhos, naquela sexta-feira de março. Na sede da Polícia Federal do próprio aeroporto, ele estava extremamente nervoso, parecia até um novato, andando de um lado para o outro, e sempre fazendo ligações telefônicas. A minha prisão podia colocar por água abaixo toda a programação da PF para a próxima semana. E, sobretudo, o início da Lava Jato. Por isso mesmo, a notícia de minha prisão só foi noticiada pela *Folha de S.Paulo*[2], *O Globo* e *Estadão* quatro dias depois, obviamente enfatizando a questão dos euros na calcinha. Eles não perderiam a oportunidade de me desqualificar!

Naquela noite, eles queriam apenas me impedir de embarcar, fazendo com que eu perdesse o voo para Milão na madrugada de sábado e voltasse para casa. A ideia era que eu fosse pega em meu apartamento na segunda-feira cedo, com todos os holofotes da mídia em cima, o que acabou não acontecendo.

O espetáculo, dessa vez, não teve a plateia que esperavam.

****

---

2 A notícia do site UOL reproduz a reportagem da *Folha de S.Paulo*, intitulada "PF prende suspeita com 200 mil euros na calcinha". Ver em: https://noticias.uol.com.br/cotidiano/ultimas-noticias/2014/03/18/pf-prende-suspeita-com-200-mil-euros-na-calcinha.htm

Os primeiros presos da Lava Jato foram chegando à sede da PF. Fui levada para uma cela com os outros acusados. Eu era a única mulher. Na sequência, entrou um agente da PF dizendo que seríamos levados para o aeroporto e transferidos para Curitiba. Em seguida, fomos algemados como animais selvagens, nos pés e também pelas mãos. Nossa transferência foi em camburões da PF. As viaturas seguiram com sirenes ligadas, carros batedores na frente, helicópteros e muitas outras viaturas rumo ao aeroporto de Guarulhos novamente. Nesse momento, nós nos tornamos verdadeiras estrelas. Todo mundo parou para ver aquelas dezenas de pessoas sendo conduzidas por centenas de agentes da PF. Era notório que faziam questão de nos exibir, fazendo com que essa operação fosse algo digno de uma grande superprodução cinematográfica diante de jornalistas, cinegrafistas, fotógrafos e curiosos. Na sala da PF, em Guarulhos, ficamos sentados no chão com a cabeça de frente para a parede. Uma série de recomendações, em tom de gritaria, nos foi passada: não poderíamos conversar, trocar olhares ou fazer qualquer tipo de comunicação. Descemos em fila indiana para o embarque, passando por todos os passageiros e pessoas que estavam no aeroporto. Eles adoravam nos exibir em praça pública. Hoje, tenho certeza de que fomos o bode expiatório de uma operação meticulosamente arquitetada pelos barões do poder. Ainda voltarei a falar sobre isso...

Embarcamos no avião da Força Aérea Brasileira. Viajei ao lado de uma agente. Começamos a conversar. Ela me perguntou se eu estava calma. Disse que sim e perguntei o que estava acontecendo. Ela me explicou alguns detalhes da Lava Jato que eu desconhecia. O voo para Curitiba foi rápido. Eu dormi e acordei com a sensação de que estávamos pousando. Já era noite. Vi muitas luzes e muitas câmeras de emissoras de TV na pista. Parecia dia, com tantos fotógrafos, tantas câmeras, tantos holofotes de luz dos canais de televisão. Novamente me senti protagonista de uma produção de Hollywood, repleta de efeitos especiais. O delegado Márcio Anselmo entrou e me chamou pelo nome, pedindo que eu o acompanhasse. Entrei em um carro sem identificação com outros dois agentes. Fui a única. Os outros presos foram conduzidos em um ônibus.

No trajeto, o delegado se virou e me perguntou como estavam minha gripe e minha cachorrinha Puka, da raça pug, querendo com isso dizer que as minhas ligações telefônicas tinham sido monitoradas e grampeadas. Eu nada respondi. Ele perguntou se eu sabia o motivo de minha prisão. Disse que não. Naquela espécie de interrogatório clandestino, sob intensa pressão, o delegado me disse, finalmente, que a única coisa que eles queriam saber era sobre Alberto Youssef, e que eu podia escolher: mofar na cadeia ou delatá-lo. Nesse momento, lembrei-me do que eu havia combinado com o Beto, quando ele saiu da prisão em sua primeira delação[3]. Tínhamos feito um pacto de sangue. Ele não operaria mais no câmbio; operaria, sim, porém com meu nome. Eu seria um braço dele. E se acontecesse alguma coisa e eu fosse presa, ele me tiraria da prisão. Se a Justiça Federal descobrisse que ele estava operando no câmbio, o acordo seria rompido e ele perderia todos os benefícios. Portanto, eu mantive desde aquele primeiro momento o pacto que ficou acertado com ele. Ou seja, o meu silêncio. Naquele momento fiz a minha opção: mofar na cadeia ou ser salva por ele ou por Deus. Então, não disse nada. O delegado reforçou:

– Você é a única que pode derrubar o Youssef. Se você fizer isso, no dia seguinte você sai.

Ele repetiu.

Eu olhei bem pra ele e disse:

– Então eu vou apodrecer, porque não vou entregar ninguém. Eu não sei do que você está falando.

****

No livro *Lava Jato*, Vladimir Netto escreve que Youssef e eu estávamos nos falando muito na época em que estourou a operação. E era verdade.

---

[3] Alberto Youssef era considerado pelos investigadores da PF a "engrenagem da corrupção sistêmica do Brasil". O doleiro esteve envolvido em escândalos de corrupção, como o do Banestado, Petrobras e no Mensalão do PT. Era o homem, segundo a PF, que fazia as ligações, entregava as maletas de dinheiro, ordenava transferências, organizava a criação de empresas de fachada, negociava com empresas contratantes, acertava propina com agentes públicos e viabilizava o transporte do dinheiro fruto de lavagem. Na primeira vez, condenado pela Justiça Federal em 2004, fez um acordo com o Ministério Público para delação premiada. Na época, comprometeu-se a não atuar mais no mercado de dólares. (N. do E.)

O jornalista escreve que, em 13 de março de 2014, eu recebi uma mensagem no celular dizendo: "Outra coisa: amanhã vai ter operação. Então, vc sabe o que fazer". Eu respondo que há um helicóptero a postos no Campo de Marte, em São Paulo: "Se quiser, temos um Agusta no Marte à nossa disposição, ok? Tá na mão". Youssef agradece: "Ótimo, quando precisar te peço".

Para a PF, esse diálogo sugeriu que planejávamos fugir, por isso a ação espetacular que me prenderia na madrugada seguinte, pouco antes de entrar no avião com destino a Milão. Mas hoje posso dizer que isso nunca passou pela nossa cabeça. Pelo menos, não na minha! A interceptação telefônica que os agentes interpretaram como "fuga", na verdade era uma maneira de falar sobre uma remessa de dólares que deveria ser enviada para fora de São Paulo e que, para tal encomenda, tínhamos a aeronave à mão para realizá-la no momento que quiséssemos. Era isso.

****

Na sede da Polícia Federal, em Curitiba, vi todos os meus quadros de arte embalados em plástico bolha. "Estiveram na minha casa. O que mais fizeram?", pensei. Aquela ideia me aterrorizava. Fui mandada sozinha para uma cela, com um colchão bem surrado e, apesar do frio, com apenas uma peça de roupa. Essa foi minha primeira noite na carceragem da Polícia Federal, em Curitiba. Era 17 de março de 2014.

Em uma cela vizinha ficaram outras 11 pessoas da operação. Em outra, com a qual eu não tinha comunicação, mais uns 8 presos. Todos também da Lava Jato. E ali eu permaneci. Foram três dias sem banho. Três dias sem comida. E três dias quase sem água, não fossem algumas pessoas da própria carceragem me ajudando às escondidas, por dó mesmo. Só consegui ver os advogados no quinto dia útil.

Fiquei em um colchão cheirando a urina. Tinha um preso de nome Val, um policial rodoviário federal, encarregado de distribuir o café da manhã: um pão francês com presunto e queijo e café com leite. Mas ele não tinha ordem de me entregar. Queriam me castigar, era nítido. Ele repassava escondido, só que eu não conseguia comer.

Nessa primeira semana, a gente não teve acesso a nada, não tínhamos a dimensão do que estava acontecendo, qual o tamanho da Operação Lava Jato. Foi quando entrei em estado de choque – estava sem comunicação com meus advogados e com a família. No fundo, parecia que eu estava passando por uma espécie de tortura psicológica e física. Até que, em algum momento, o delegado Márcio Anselmo mandou me chamar em sua sala. Fui conduzida por dois agentes, com algemas nos pés e nas mãos. Um deles me perguntou se eu precisava de algo, talvez comida, já que não havia autorização para que eu pudesse comer. Na conversa com o delegado, perguntei como tinha sido a busca e apreensão na casa de minha mãe. Ele disse que estava tudo bem. Mais uma vez, ele queria saber sobre Youssef. Mantive-me calada. Quase de saída, lembrei-me de pedir um pedaço de algodão e acetona para tirar o esmalte das unhas. E complementei:

"Afinal, já entendi que vou ficar muito tempo presa aqui".

O delegado engoliu a raiva em seco.

Mais alguns dias se passaram. Sem banho. Sem comida. Apenas com os lanches que o Val desviava pelas grades. O delegado Márcio Anselmo me chamou novamente, sem a presença dos meus advogados, dessa vez na companhia dos procuradores Pepete e Osmar[4]. Na conversa, ele foi enfático:

– Bom, Nelma, você já teve a experiência do que é a cadeia, não é? Mas cadeia mesmo você vai saber se for transferida para o presídio de Piraquara. Lá, sim, que é o inferno. Então, pense bem. A gente está dando a oportunidade para você abrir sua colaboração premiada. Eu trouxe aqui dois procuradores, e a gente pode negociar.

Eu olhei bem para eles. Nesse momento, um dos procuradores me perguntou:

– Eu quero saber se você tem político, narcotráfico e corrupção para me entregar.

Respondi que não e acrescentei:

– Mesmo que tivesse, o que eu posso fazer? Não vou falar nada.

Ele retrucou:

---
4 Os nomes foram alterados.

– Até porque suas operações com "os chinesinhos" não interessam pra gente.

Fui bem irônica em minha resposta:

– Pois é, vocês estão por fora mesmo, né? Porque as operações com os "chinesinhos" compõem o segundo PIB do Brasil. Aliás, eu acho que é o primeiro PIB. Vocês são muito desinformados, então vão continuar sem nenhuma informação.

E sobre a célebre frase que um dos procuradores faz questão de frisar: "A corrupção é sistêmica no Brasil", é bom esclarecer. Ela me pertence. Fui eu que disse a ele nessa conversa.

Começou um bate-boca, até que o procurador encerrou:

– Bom, pelo jeito, você vai querer ficar aqui por um bom tempo, né?

Disse que não e retruquei:

– Não, eu não vou ter que ficar um bom tempo. Eu vou ficar o tempo suficiente e necessário. Agora, da forma como vocês estão fazendo, nessa pressão toda, eu não estou entendendo. Acho que eu devo ter os meus direitos, mas, pelo visto, aqui é diferente. Por exemplo, eu acho que, no mínimo, eu deveria ter direito à presença do meu advogado por aqui – me visitando ou conversando com vocês. E nem isso está permitido. Parece até que estou no meio de bandidos.

Rasgaram a Carta Magna e constituiu-se, então, a República Única de Curitiba.

Foi uma conversa dura, mas em todo momento mantive o tom. O diálogo durou ainda alguns minutos, até que eu fiz uma pergunta ao procurador Pepete:

– Olha, vocês se dizem tão inteligentes, né? Por exemplo, o senhor sabe o que é um *swift*?

O procurador não me respondeu. Repeti a pergunta cinco vezes, até que Osmar interveio:

– A investigada aqui é você, não é ele. E outra coisa: ele é graduado em Harvard.

Diante da resposta, fui bem agressiva:

— Nossa, só que ele não sabe o que é um *swift*[5]? A minha escola é a da rua, então realmente vocês não sabem de nada. E quer saber? Eu vou voltar para a minha cela, pois não vou fazer acordo coisa nenhuma. Não vou fazer acordo, não vou falar de Youssef, não tenho nada a dizer. Porque eu acho que nesse jogo aí não tem acordo, vocês estão fazendo do jeito que querem.

Voltei para a cela. Três dias depois fui transferida para outro espaço. Bem menor, mais isolado, um pouco distante de onde estavam os primeiros presos da Lava Jato. Eu era a única mulher ali. Ficávamos trancados por 23 horas. Tínhamos uma hora de banho de sol, exceto aos sábados e domingos, dias em que era proibido sair. Essa era a nossa única rotina. A entrega das refeições começava logo cedo. No café da manhã eram servidos pão com presunto e queijo e café com leite. Às 11 horas chegava o marmitex com arroz, feijão, uma massa, uma carne e uma salada. E, de sobremesa, uma fruta. O jantar era cedo: às 17h30. Até que a comida não era ruim.

Nesses dias estranhos de solidão, a imagem de dona Maria Dirce, minha mãezinha, ia e voltava em minha mente. Relembrava dos nossos tempos em Lins. Sempre com saudade de seu colinho. Eu era feliz e sabia.

---

5 SWIFT é um código único usado para reconhecer as instituições financeiras e não financeiras. O código possui oito ou onze caracteres que lançam luz sobre detalhes do código do banco, código do país, código de localização e código da agência. (N. do E.)

Alô, pago 1 e vendo a 2 dólares

Sou da cidade de Lins, interior de São Paulo. Tive uma infância feliz, vivendo numa área quase rural: éramos eu, minha mãe e meu irmão. Tenho pouca referência de meu pai. Ele e minha mãe se separaram quando eu tinha 8 anos. Fui uma criança alegre, bem-humorada, disposta e, segundo minha mãe, muito inteligente. Como toda criança ativa, dei bastante trabalho.

Nelma com sua mãe e seu pai

Desde pequena, sempre gostei do comércio, de comprar e vender, ser uma boa comerciante era algo nato. No entanto, resolvi que seguiria a carreira de minha mãe, que é cirurgiã-dentista. Na época, quando terminei o terceiro colegial, fui passar um ano estudando nos Estados

Unidos, em um intercâmbio do Rotary Club. Fui para a cidade de Moscow, no estado da Pensilvânia, e lá fiquei para aprender a falar inglês. Acabei entrando para o time de vôlei e, por duas temporadas, fui considerada a melhor jogadora dos Estados, ganhando com isso duas bolsas de estudo. Mesmo assim, decidi não ficar. Voltei para o Brasil e fui para a cidade de Campinas fazer cursinho. Meu intuito era passar no vestibular de Medicina, mas optei pela faculdade de Odontologia, em Lins. Seria bom, pois estaria em minha terra natal e ficaria mais perto de minha mãe.

Em 1992, no último semestre da faculdade, tracei meus planos: terminaria o curso e iria para São Paulo montar meu consultório. Teria um apartamento de dois quartos, um carro importado e ganharia em torno de 5 mil dólares por mês. Sempre fui muito grata a Deus. Ele havia me dado muito mais do que eu tinha pedido e merecido.

Em janeiro de 1993, segui o meu rumo – fui para a cidade grande. Coloquei todas as minhas coisas – livros, roupas, discos (bons tempos!) – no meu carro, um Chevrolet Kadett vermelho da moda, que minha mãe havia me dado. Eu sabia que não retornaria para o interior e que aquele seria o meu último dia em Lins como a filha morando com a mãe. Minha mãe me disse:

"Filha, fique aqui, vai fazer um curso de especialização. Fique mais um pouco, você acabou de se formar".

Eu estava decidida a tentar a vida em São Paulo, ganhar meu dinheiro e conquistar minha independência. Ela me deu o equivalente a 700 dólares, e com esse dinheiro eu fui para a capital. Abracei minha mãe, agradeci toda a dedicação e ensinamentos e segui viagem. Conforme me distanciava, as luzes e as casas de minha cidade foram ficando menores. Era como se naquele momento o meu cordão umbilical estivesse sendo cortado.

Era minha primeira viagem de carro sozinha, mas eu me sentia muito bem, feliz por estar começando vida nova e seguindo meus sonhos. Chegando a São Paulo, na bifurcação da Marginal Pinheiros com a Marginal Tietê, duas vias de importante ligação na cidade, eu não sabia em que direção seguir. Tirei o par ou ímpar e acertei seguindo pela Pinheiros. Tudo era novidade.

Fui morar com meu irmão, na Alameda dos Jurupis, em Moema, bem pertinho do Shopping Ibirapuera. Meu irmão já estava em São Paulo e trabalhava em Diadema, na área comercial de uma distribuidora de carnes. Minha família teve um frigorífico, primeiro em Mirassol do Oeste e depois em Cárceres, ambas no Mato Grosso. Lá, abatiam e enviavam a carne para essa distribuidora, de onde seguia para os hipermercados.

Saí à procura de emprego nas clínicas odontológicas, e foi então que tive a primeira decepção na minha área: notei que a maioria dos profissionais não seguia os procedimentos que eu havia aprendido na faculdade; coisas básicas, como usar óculos de proteção, esterilizar os materiais e não usar a mesma luva ou agulha duas vezes. Meu primeiro emprego foi em Moema, numa clínica infantil, três vezes por semana. Nos outros dois dias eu trabalhava na distribuidora de carnes com meu irmão, para ganhar um dinheiro extra a fim de montar meu consultório.

Decidi depois trabalhar somente na distribuidora de carnes. Arrumei alguma coisa para fazer lá. Comecei servindo café. Como era muito fácil, fui para a cozinha tomar conta de tudo. Lá existiam os lombadores, funcionários que descarregavam as carretas e carregavam no lombo a ponta de agulha, o dianteiro e o traseiro dos bois. O almoço era servido lá mesmo, e eu comecei a equilibrar o cardápio para que os trabalhadores tivessem mais energia na tarefa.

Como sobrava muito tempo, acabei seguindo para a área financeira do frigorífico, trabalhar nos pagamentos e recebimentos. Vivíamos numa época em que a inflação era galopante, de 2% a 3% ao dia. As pessoas, para se precaverem, compravam dólar; assim, o que sobrava na conta nós dolarizávamos. Um dia, no extinto Banco Nacional, a gerente me indicou uma casa de câmbio de Santo André para eu comprar alguns dólares. Liguei e reservei o dinheiro. Lá eu conheci meu segundo namorado, que era doleiro. Ele começou a me ligar e convidar para jantar, até que um dia eu aceitei o convite e começamos a namorar.

Passado um tempo, eu saí do frigorífico e fui trabalhar nessa casa de câmbio. Foi então que comecei minha atividade como doleira, profissão que eu jamais imaginei seguir. No início, apenas atendendo o telefone e passando a cotação: "Alô, pago 1 e vendo a 2". Fiquei observando meu namorado e outros operadores, e já na mesma semana passei a comprar e vender dólares, e a começar a entender todo o mecanismo.

João Paulo: esse era o nome do meu namorado, com quem fiquei por seis anos. Ele era cunhado do hoje ex-juiz federal Cláudio Dias e irmão de Eloísa Gomes, alvos da Operação Anaconda, que investigava o esquema de venda de sentenças no estado de São Paulo. Cláudio Dias era um juiz bem jovem, inteligente, daí o João Paulo ser muito visado, sendo, por isso, transferido da filial da casa de câmbio Sentur Câmbio e Turismo de São Paulo para a filial de Santo André, onde o conheci e comecei a trabalhar no ramo, no final de 1993.

Nesse período havia um terceiro sócio, o Ronaldo, com quem o João e a Eloísa se desentenderam. O João Paulo havia feito um negócio com um doleiro chamado Santos, que deu o cano e não o pagou; Santos era nada mais nada menos que irmão do doleiro Espanhol, da Espanha Câmbio e Turismo. A mando de João, eu fui me entender com o Espanhol. O Ronaldo ficou enfurecido e fez um grande escândalo dizendo que não admitia esse tipo de repique, pois ele devia ser contra o Santos, que era o real devedor. Convocou uma reunião com os doleiros antigos para decidirem se João Paulo continuava ou não no mercado, e se ele poderia continuar a fazer negócios com os demais. O João era um pamonha, um fraco e, como todo covarde, não assumia as consequências dos próprios atos; ele me usou de bode expiatório, me enviando para a tal reunião. E eu, muito bobinha e inexperiente, fui como um cordeio para o abate.

Quando cheguei à reunião, lá estavam os maiores doleiros de São Paulo e alguns do Rio de Janeiro, Montevidéu e Ciudad del Este, a velha guarda do negócio. É importante salientar que antigamente havia uma ética, um código moral entre os doleiros, coisas da velha guarda. O Ronaldo abriu a reunião e o Espanhol disse que aquele tipo de atitude não era admissível, e que o João teria que pagar. Eu falei representando a empresa:

– Vocês estão corretos, eu trouxe uma nota promissória e a dívida deve ser paga.

O sol nasceu para todos, mas caráter é só para alguns.

Fui decidida, me impus, e com isso ganhei o respeito dos grandes negociantes da área. Poli, um doleiro uruguaio, querido, foi o único que se levantou, me acompanhou até a porta e disse:

– Querida, não se preocupe. O que você precisar estou à disposição.

Quando o juiz Cláudio Dias começou a ser investigado por corrupção e venda de sentenças, meu namorado, João Paulo, cunhado do juiz, ficou com muito medo. Como de hábito nesse universo poucos aguentam a pressão, ele caiu em depressão. Resolveu abandonar tudo e ir embora para Cuiabá. Foi quando eu assumi a casa de câmbio com um caixa devedor de pouco mais de 1 milhão de dólares. Comecei a atuar como doleira, sendo responsável por todas as operações que eram feitas. E como eu amava o meu trabalho... Eu era uma maestra e comandava toda a minha orquestra!

Muito mais do que uma simples doleira

Desde que a Operação Lava Jato estourou, não tem uma única reportagem que não me defina como "a doleira Nelma Kodama". Hoje, sem o calor dos acontecimentos, fico refletindo sobre essa atividade profissional de doleiro. Na realidade, eu nunca fui uma doleira de fato. Doleiros não fazem o trabalho que eu fazia nos bastidores. O doleiro é aquele profissional que trabalha essencialmente no câmbio, na compra e venda de moedas estrangeiras. A operação é uma atividade legal, desde que seja realizada dentro das normas e critérios determinados pelo Banco Central. No Brasil, essas transações devem ser feitas em locais e por agentes autorizados. Quem não está autorizado para trabalhar nesse mercado fica, portanto, à margem, no tal do "mercado paralelo". É aí que entram os tais "doleiros", a figura sempre envolvida em escândalos de corrupção ou de lavagem de dinheiro.

A carga tributária no Brasil é muito grande. E o que dizer da carga tributária de importados? Ela é tão violenta, mas tão violenta, que obriga os importadores a diminuir o preço da mercadoria de importação, subfaturar declarando valores menores. E aí, através do doleiro, enviam o pagamento por fora. Dessa forma, minha equipe criava então documentos de importação fictícia, bem como fretes internacionais que jamais saíram de qualquer porto. A gente se aproveitava das brechas de regulamentação de câmbio do Banco Central. As empresas que faziam essas importações fraudulentas eram de fachada, chamadas de "fantasmas" e constituídas de "laranjas".

Fazia isso na maioria das vezes com as importações. Só que para realizar essa operação eu precisava de uma corretora de câmbio. A TOV era uma das grandes corretoras que realizavam essas operações, responsável por ter celebrado 91 contratos. Dizem que fui eu que fechei esses contratos em operações cambiais fraudulentas.

A compra de dólar papel era outro tipo de operação. Na verdade, de tempos em tempos mudava a regulamentação do Banco Central, e então a gente ia criando novas regras e buscando subterfúgios.

O pagamento de propina não pode ficar na conta bancária de beneficiados. Isso geraria links e deixaria rastros, levando a bloqueio das contas. Era necessária uma forma segura para distribuir as quantias. Algumas vezes era preciso enviar para contas bancárias no exterior, registradas em nomes de *offshores*, empresas com sede em paraísos fiscais que não cobram impostos ou cobram uma pequena taxa, e são usadas para ocultar o verdadeiro proprietário dos depósitos. Eu fazia esse dinheiro se multiplicar, se quadruplicar, agindo como um verdadeiro banco clandestino. Era uma operação em cadeia. E eu tinha o começo, o meio e o fim. Isso se chama operação estruturada.

Muitas vezes, se uma parte desse esquema se rompesse – com bloqueio de contas, assaltos ou pagamentos que não eram cumpridos –, eu tinha que honrar meu compromisso. Esse era o papel do doleiro. Eu nunca tive um papel assinado. Nunca. Sempre valeram o meu nome, a minha palavra e a minha credibilidade.

Eu sempre agi dentro da lei. Correndo pelas beiradas, pelas brechas. E elas são muitas. Lembrei-me agora do sociólogo e escritor Jessé Souza, autor de *A classe média no espelho*, da editora Estação Brasil, um livro cuja leitura eu recomendo. Na segunda parte da obra, o autor traz trajetórias de vida, de sonhos e de ilusões da realidade brasileira. O capítulo dedicado a um CEO de um banco não deixa dúvidas de como se compra o mundo. O profissional, nomeado como João, fala de seu papel de "comprar as pessoas necessárias para que as coisas aconteçam como ele quer, expandindo principalmente a margem da legalidade a serviço dos bancos". João revela toda a engrenagem que move o mundo, onde tudo tem um preço e as tratativas se dão, acima de tudo, a partir de relações de confiança: "Comprar alguém bem comprado não envolve só dinheiro. Você tem que comprar uma relação de confiança. Sem isso, todo o dinheiro do mundo não conta. E isso é um talento". Jessé expõe de maneira brilhante o poder real do dinheiro. Em determinado trecho, o personagem revela o que eu sempre disse quando fui perguntada: todo e qualquer dinheiro sai dos bancos, "seja dinheiro limpo – na realidade, sempre dinheiro que foi tornado limpo –, seja dinheiro sujo. A não ser que você fabrique dinheiro em casa". Sensacional!

Voltando à minha realidade, me sinto segura em dizer que minha atividade era desconhecida por um doleiro oficial. Ele sequer imagina os meandros que o dinheiro percorre para concretizar todo o processo. Para você ter uma ideia, durante um tempo eu levei milhões de reais em notas cintadas, novas, para Ciudad del Este, no Paraguai, em aviões fretados. Os pousos eram em pistas clandestinas. Na chegada, jogava milhares de cédulas no chão, pisava em cima, sujava tudo para poder depositar no banco. Uma tática para simular que se tratava de dinheiro circulante. Depois, teve também uma época em que eu comprava ouro em São Paulo e enviava para Montevidéu. Lá o metal se transformava em dólar que retornava à capital paulista, girando os negócios.

Confesso que hoje me tornei uma Ph.D. nesse quesito. Fazer a grana circular. Sim, fui a grande dama. A imperatriz do mercado. Cheguei a movimentar R$ 400 mil por dia. Para isso, era necessário ter cabeça, respirar fundo e ter muita coragem.

No coração da Lava Jato

Passei os primeiros três meses na Superintendência da Polícia Federal de Curitiba. Durante esse tempo eu tentei me manter centrada. Prestava atenção a tudo que acontecia naqueles corredores, o entra e sai de agentes a qualquer hora do dia, trazendo presos pelos diversos crimes federais – assalto a bancos, narcotráfico, desvios fiscais, entre outros. Aquela era a PF da Lava Jato. Os próximos passos da operação terminavam estrategicamente ali. No mata-burro.

O ambiente naquele começo era muito bagunçado. Enquanto a mídia explorava os protagonistas das várias fases, nós não tínhamos ainda uma noção exata de tudo que estava acontecendo. Dois agentes penitenciários se destacavam em nosso dia a dia atrás das grades. O Benitez, que era o responsável pela nossa vigia, e o Rededes. O Bolacha era o chefe da carceragem. Aquele ambiente parecia um centro de convivência. Os encontros com advogados eram em parlatórios, como nos filmes. Nós falávamos por interfone monitorado pela turma toda da Lava Jato. Eles escutavam tudo que era conversado com os advogados e com os familiares. Eu não sei se isso era permitido, mas era o que se praticava ali.

O clima era de que tudo iria acabar logo. "A gente conta isso e aquilo e vai embora logo", diziam alguns dos presos nas primeiras fases da operação. Um dia, chegou uma delegada de Brasília. Ela me chamou para conversar com outro delegado da PF. Eles queriam informações sobre esquemas envolvendo outro doleiro de Brasília. Sempre me recusei a falar sobre alguém ou sobre alguma operação. O discurso era o mesmo:

– Se você falar, podemos fazer um acordo e a gente solta você.

O problema era confiar nisso. Todos sempre usavam esse álibi, desde a minha chegada à PF de Curitiba. A delegada – uma pessoa que carregava muito ódio dentro de si – me olhava com muita raiva e suas palavras destilavam veneno. Ela ficou enfurecida com a minha negativa e foi taxativa:

– Você vai apodrecer na cadeia!

Nunca concordei com os procedimentos da Lava Jato. Primeiro eles prendiam, depois éramos fortemente pressionados. Eles queriam mais explicações e novos nomes no envolvimento. Vimos diversos documentos dos quais nunca tive conhecimento. No fundo, assumimos algumas ou muitas culpas que não eram nossas. Mas o tempo é o senhor do destino e está mostrando isso.

****

Na segunda ou terceira noite na PF, chegou o Paulo Roberto Costa, engenheiro e ex-diretor de Abastecimento da Petrobras entre 2004 e 2012. Eu não o conhecia pessoalmente. Paulo Roberto chegou muito assustado à carceragem. O nervosismo dele só aumentava com o passar dos dias. O advogado tentou um pedido de *habeas corpus*, alegando "cárcere privado" de seu cliente – isso em razão de um isolamento desumano com a chegada dos fins de semana e feriados, sem banho ou caminhada no pátio. Na época, seu advogado tornou pública uma carta[6] escrita por Paulo Roberto dizendo que foi ameaçado por um agente da PF. Seus escritos foram parar na imprensa e repercutidos por praticamente todos os jornais de circulação nacional. O que era ruim ficou pior para ele: Paulo Roberto foi transferido para a Penitenciária Estadual de Piraquara II, na região metropolitana de Curitiba. Ali, sim, um verdadeiro inferno.

---

6 O conteúdo da carta escrita à mão por Paulo Roberto Costa: "No último sábado à noite, fui ameaçado por um agente da PF na minha cela. Ele disse que eu estava criando muita confusão junto com meu advogado Quirino sobre o pedido para eu tomar banho e caminhar no feriado. Com certeza isto foi um recado do delegado. E que eu estava dando um tiro no pé. E desta maneira seria transferido para Catanduvas. Pode isso? O pedido de relaxamento foi feito para o juiz de plantão que não deve ter dado. Vale a pena conversar direto com o juiz Moro?"
Ver notícia sobre a carta em: http://g1.globo.com/pr/parana/noticia/2014/04/ex-diretor-da-petrobras-escreve-nova-carta-relatando-ameacas-na-pf.html

Depois de algumas semanas, Paulo Roberto voltou para a carceragem. Ele estava muito abatido, magro, barbudo, debilitado. A Justiça Federal alegou a necessidade de preservar sua integridade física. Segundo a PF, ele estaria correndo riscos em Piraquara. O mesmo não serviu para mim, quando fui transferida para a Penitenciária Feminina de Piraquara. Afinal de contas, eu também era da Lava Jato e corria risco de morte. Eu já vou falar sobre isso...

Depois do Paulo Roberto Costa, foi trazido para a cela um homem que disse ter sido preso por ter usado uma nota falsa para fazer uma compra. Não só o Costa, mas todos nós ali tratamos bem dele, achamos que era um injustiçado e até acabamos nos afeiçoando a ele. Dois dias depois ele foi transferido para outra prisão. O pior estava por vir. Mas para nós. Só então ficamos sabendo que ele tinha sido preso, na verdade, por ser pedófilo. Que raiva de mim mesma e de todos nós ali pela atenção dispensada àquele cara.

****

O senhor Júlio Cesar Benitez era um agente da guarda municipal que tomava conta da carceragem da PF no dia em que lá cheguei. Era um homem de estatura média, gordo, que falava e ria alto. Queria parecer durão, mas de duro não tinha nada. Seu coração era enorme, coração esse que um dia não funcionou como deveria.

Passava das três horas da tarde quando terminou meu banho de sol, onde eu ficava sozinha por ser a única mulher no local. Seu Benitez me levava até a cela para poder soltar os outros presos, entre 20 e 25, a maioria da Lava Jato e alguns outros de crimes federais. Quando ele foi me trancar e fechar o cadeado, percebi que estava branco e passando mal. "Meu Deus...", tentou balbuciar, entortando o corpo e caindo de lado.

Chutei a porta da cela para que ele não me prendesse, segurei sua cabeça e vi que ele não tinha pulso: estava tendo um ataque cardíaco. Nisso, os outros presos que estavam no pátio vieram assustados para a grade que os separava das celas. Comecei a fazer uma massagem torácica e forcei a respiração boca a boca. Corri até minha cela, peguei duas aspirinas e as coloquei na boca do agente; soltei um médico que havia entre os detentos e o trouxe para que continuasse com o socorro. "Socorro, socorro", eu gritava sem parar. Depois de algum tempo apareceram outros policiais e, felizmente, até a chegada do Samu, o seu Benitez já havia retomado a consciência. Ele foi muito grato a mim por ter salvado sua vida. Ele depôs contando como o ajudei e, por isso, o juiz me deu seis meses de remissão de pena. Uma vida vale só seis meses! Aqui, vale um registro: o Benitez foi condenado por trazer pão de queijo para nós, na carceragem. E também foi investigado por supostamente liberar um celular para "alguns hóspedes" da PF, como chegou a ser publicado por alguns jornais da época[7]. Pela acusação do Ministério Público Federal, ele teria feito circular um aparelho por quase um mês, passando pelas mãos de vários presos da carceragem. O advogado de defesa alegou que, por ser guarda municipal, Benitez não tinha conhecimento sobre as regras da carceragem e que não poderia ser responsabilizado por isso, pois não tinha o treinamento adequado.

Teve outro episódio engraçado envolvendo duas jovens de São Paulo, detidas em Curitiba vendendo ingressos falsos para o show do músico David Gilmour, que aconteceria na capital paranaense. Elas também portavam notas falsas de 100 reais. As duas ficaram no corredor, até ganharem a liberdade. Foram praticamente acolhidas pelos famosos presos da Lava Jato, ganhando comida e carinho. Antes de serem liberadas, elas pediram uma camiseta com autógrafos da gente. E isso deu o maior rolo. Os jornalistas que faziam plantão em frente à carceragem adoraram a notícia. Eles eram ávidos por qualquer detalhe de bastidor. E o momento era oportuno para isso. As moças disseram que eu ajudei dando dinheiro, através de meus advogados, para elas voltarem a São Paulo. O que gerou o maior rebuliço foi o fato de elas terem revelado que, na carceragem, as mulheres tinham acesso livre aos corredores, enquanto os homens ficavam presos nas celas.

---

[7] Ver em: https://g1.globo.com/pr/parana/noticia/guarda-municipal-e-acusado-de-permitir-uso-de-celular-a-presos-da-lava-jato.ghtml

A imagem da camiseta repleta de mensagens e assinada, um por um, foi um fato pra lá de engraçado. Só mesmo na República de Curitiba para acontecer essas coisas.

****

Os dias na carceragem chegavam a ser divertidos, porque ali estavam reunidas pessoas que se diziam fortes e machonas. Eu era, até então, a única mulher. Os bastidores, sempre eles, revelavam muito sobre cada ser humano. Um doleiro famoso, por ser próximo de um conhecido político, chorava feito criança. Um mimado de marca maior. Um segundo doleiro, testa de ferro de outro conhecido preso, ficava pedindo o pai, a mãe, fazendo promessas e orações para deixar a cadeia. Nessas horas, eu ficava pensando: cadê a valentia desses machões, que só sabiam falar duro com a mulherada!? Momentos de grande estresse trazem à tona a nossa verdadeira sombra, escondida nos porões de nosso inconsciente. Até o ateu vira evangélico, macumbeiro, católico, qualquer coisa.

Um terceiro doleiro preso se comportava de maneira equilibrada e muito coerente. Bem articulado, pensava no que ia falar durante as conversas. Outros pareciam bem familiarizados com aquele ambiente. E o que fazer quando desafetos amorosos precisavam dividir o mesmo espaço e se cruzar quase o tempo todo? Não poderia ser mais engraçado. Eu me divirto até hoje. Lá não tinha isso de ser doleiro, deputado ou empresário. Todo mundo era igual a todo mundo. Se você não limpasse a sua cela, ela ficaria suja. Alguns demoravam um pouco para entender que estavam presos. Não vou citar nomes porque seria indelicado, mas muitos chegaram achando que sairiam no dia seguinte. Seja pela influência, pela força financeira, seja pelo cargo que ocupavam. E não foi assim.

Entendi também até onde vão as parcerias de trabalho, sobretudo a fidelidade, a lealdade do ser humano. Vi que pessoas que eu considerava amigas eram apenas clientes. Descobri que uma pessoa que trabalhava comigo havia doze anos, sendo praticamente o meu braço direito e se mostrando fiel até então, no primeiro momento abriu o bico para poder se livrar. Foram apenas cinco minutos de pressão. Sim, cinco minutos de pressão da PF, que disse que se não falasse sobre os meus clientes, os meus bens, iria ser transferido para o presídio. Essa pessoa é a própria X-9, o chamado "cagueta".

Depois de umas três semanas na PF de Curitiba, eu me reencontrei com mamãe. Confesso que a lembrança dessa primeira visita praticamente desapareceu de minha memória. Não me recordo de detalhes ou de frases, tudo vem à mente apenas em flashes espaçados. Lembro-me de que mamãe chegou muito preocupada, mas ela sempre se manteve forte, não demonstrava nada. Eu a via e a acariciava pelo vidro do parlatório. Era assim que nos comunicávamos.

****

A Lava Jato estava confusa. A todo o momento buscavam acordos para identificar os crimes cometidos pelos envolvidos. Mesmo com toda a interceptação de conversas, eles não conseguiam separar o que era cliente, funcionário, propina. Isso porque muitas dessas conversas ao telefone eram em códigos, quase cifradas, o que dificultava ao pessoal da Lava Jato desenhar o esquema todo. Eram peças de um quebra-cabeça que não se encaixavam, mesmo com as delações. Logo observa-se que essa operação só tinha o propósito de chegar a uma determinada pessoa, em um determinado partido e alcançar apenas um objetivo, que certamente não era acabar com a corrupção. A meta era atingir um homem aclamado pelo povo, de imponente retórica e capaz de mover multidões. O tempo está provando isso. O mundo é redondo...

Comerás do fruto do teu trabalho, serás feliz e próspero

Uma das sensações mais gostosas é entrar em um lugar e não precisar se preocupar com o preço de nada. Comprar algo com o fruto do próprio suor dá uma satisfação inigualável, e era essa uma das minhas metas. Em 1995, quando meu irmão se casou, minha cunhada escolheu as cores dos vestidos das madrinhas. Ela queria que tudo combinasse com a decoração e as flores da festa. O meu teria que ser cobre-dourado; o de minha mãe, vermelho; e os das madrinhas seriam nessas nuances, do laranja até chegar à minha cor, que representaria o Sol. "Essa cor é difícil. Onde eu encontraria um vestido assim?", logo pensei.

Fui para Miami a passeio, e quando estava no Bal Harbour, que é um shopping exclusivo e luxuoso, vi numa vitrine um vestido deslumbrante. Foi amor à primeira vista, com decote princesa tomara que caia e a saia como um bolo de noiva, confeccionado exatamente com tecido na cor cobre e com fios de ouro. Era o que eu procurava. "Quero esse vestido!". Pedi para provar e ficou perfeito no meu corpo. Não precisava de nenhum ajuste, era com ele que eu seria madrinha! Porém quase desmaiei quando soube o preço. Perguntei para a vendedora se me daria algum desconto, e ela, que antes numa falsidade evidente de quem quer ganhar sua comissão me tratava a pão de ló, me respondeu com ar esnobe, tirando o vestido de minha mão: "Nesta loja não se pede desconto, só compra quem pode!".

Que raiva! Eu me senti pobrinha. Irritada, peguei o vestido e disse que pagaria em dinheiro. "Vou trabalhar bastante para poder comprar o que eu tiver vontade e nunca mais passar essa vergonha." E assim foi. Voltando ao casamento de meu irmão, comprei o vestido dourado em tom de cobre e fios de ouro, arrasei e fiquei até mais bonita que a noiva. Tenho esse vestido até hoje, encurtei e usei novamente numa festa de fim de ano que sempre fazia para meus funcionários, e foi um arraso.

No final de 1995, cheguei ao meu primeiro milhão de dólares. Ganhei sozinha. Mas, em 1996, eu quebrei em 3 milhões de dólares e foi horrível. Horrível! Foi quando, pela primeira vez na vida, eu pensei em suicídio. Como eu ganhava muito dinheiro, ganhei também muita credibilidade no mercado, o que me levou a fazer outros negócios. Certa vez, emprestei dinheiro para um cliente de uma capital do Nordeste. Ele perdeu tudo e não me pagou. Fui então para lá tentar receber a dívida. Na ocasião, conheci e fiquei amiga do comendador Alcides. Chegando lá, fui para o escritório do meu cliente para receber e disse que ficaria lá até que resolvêssemos a pendência. Sempre fui uma mulher decidida. Disseram: "Nós não temos nada, muito menos dinheiro". Resolvi dar uma rodada nos cartórios da cidade para ver se achava algum imóvel deles como garantia. Num deles, enquanto eu aguardava ser atendida, vi um homem entrar cercado de seguranças. Ele chamava muita atenção. Fiquei olhando e imaginei que seria alguém importante. Perguntei quem era a uma senhora que estava do meu lado: "Esse é o comendador Alcides. Ele manda no estado inteiro". Respondi: "Não diga. Pois é com ele mesmo que eu preciso conversar".

O comendador era um homem temido por todos. De origem humilde, o ex-policial civil tornou-se "dono" e chefão do estado de Sergipe inteiro. Sobre ele pairavam acusações de tráfico, assassinato, jogo ilegal e crime organizado. Sobre ele também circulavam várias histórias que o tornaram ainda mais assustador: uma vez, o irmão de um devedor, empresário de um frigorífico, foi pagar uma dívida de 100 mil dólares. Ele não aceitou, pois o prazo havia vencido e o devedor iria morrer de qualquer jeito. E se não agisse dessa maneira, ele não seria o comendador. Difícil saber se essa história foi verdade ou apenas uma lenda urbana passada de boca em boca. Aquela máxima de que quem conta um conto sempre aumenta um ponto!

Cheguei perto do comendador Alcides e perguntei se ele tinha um minuto para me ouvir. Contei a história de minha dívida e que precisava da ajuda dele para recebê-la. "Vocês ajudem essa moça no que ela precisar", disse aos funcionários do cartório. Fui atendida rapidamente e descobri que os meus devedores tinham uma fazenda de uns 20 mil hectares. O comendador me perguntou onde eu estava e contei que na casa de uma tia. "Está bem, às 10 horas da noite o meu motorista irá te pegar para levá-la ao meu cassino", comentou. "Meu Deus, esse homem tem um cassino?", pensei. Sim, ele tinha um cassino que ficava ao lado de um posto da Polícia Rodoviária Federal. "Comendador, eu tenho essa dívida e não tenho como cobrá-la. Eu gostaria de passá-la para o senhor", argumentei. "Vou pensar. Amanhã, por volta das 10 horas, você vai ao meu escritório", disse.

Ele decidiu me ajudar, pois me achou decidida e corajosa, porém me aconselhou: "Você ainda é nova no mundo dos negócios e não se pode brincar com dinheiro. Dinheiro não aceita desaforo. Não vou pegar sua dívida. Você mesma vai pegar essa fazenda e vai negociá-la". Consegui negociar essa fazenda por um terreno central muito valioso. Atualmente esse terreno vale 60 milhões de reais, mas na época ele ficou para o João Paulo.

O comendador começou a ser perseguido por uma rede de TV e, acusado de matar um jornalista, fugiu. Porém acabou preso. E foi condenado por quase todos os crimes dos quais foi acusado na época. Em maio de 2019, o comendador voltou a ser preso, em um esquema de lavagem de dinheiro e crime organizado. Ele é apontado como o rei do jogo do bicho no estado. O comendador Alcides estava em sua casa, quando os agentes chegaram e encontraram cerca de R$ 200 mil em dinheiro vivo.

*****

Eu trabalhei muito para conquistar e consolidar minha posição como doleira respeitada. O mercado tinha confiança na minha pessoa. O que eu prometia sempre era cumprido. O meu trabalho era esse: comprar e vender dólares. E ponto. Uma atividade informal que me rendeu multas com a Receita Federal e cumprimento de pena por evasão de divisas. Entretanto, nunca prejudiquei ou roubei qualquer pessoa.

Eu fiz inúmeras viagens de carro para Ciudad del Este, no Paraguai. Era assim que eu conseguia buscar dólares. Além das viagens em aviões clandestinos, transportava dólares em um compartimento que criei no para-choque de um Astra. O risco era enorme. Perigo de assalto ou ataque de concorrentes. Foi um período de enorme desgaste físico e emocional, mas consegui formar um patrimônio. Tornei-me um banco e uma referência na compra e venda da moeda. Nunca fui santa, muito menos heroína. Sou apenas um ser humano como qualquer outro, com mil defeitos, mas também muitas qualidades, correndo atrás dos meus objetivos através da minha profissão: comprar e vender dólares.

Está pronta para conhecer o inferno, dona Nelma?

No dia 11 de junho de 2014 eu me despedi do meu irmão, após uma visita que durou apenas dez minutos. Os agentes estavam de olho em mim. No caminho de volta para a minha cela, deparei com uma delegada da PF . Ela estava à minha espera e foi bem direta:

"Está pronta para conhecer o inferno, dona Nelma? Não precisa pegar nada, porque você vai para um lugar onde nem as suas roupas poderá usar. Um lugar onde você vai passar muito frio e fome. É o preço por não ter colaborado. A gente avisou, querida".

Era o fim da linha na PF de Curitiba. Pelo menos naquele momento. Meu destino era a Penitenciária Feminina de Piraquara, uma unidade penal de segurança máxima no Paraná. Fui jogada na parte detrás do camburão. Mandaram o condutor da viatura correr, cortando entre os carros pelo trajeto. Foi tudo muito rápido. Quando caí na realidade, estava naquele ambiente. Aos poucos, Piraquara foi se mostrando para mim. Quando entrei, não achei tão chocante. Mas à medida que fui descendo, comecei a constatar o que seria viver ali. Cheguei por volta das quatro da tarde e vi as presas circulando com um prato de plástico azul-marinho. Era a hora do jantar delas. Percorri alguns corredores, subi umas escadas e comecei a ver as paredes com infiltração, um cheiro de mofo terrível. Os agentes foram me mostrar a cela onde eu ficaria. Ela tinha uns 2,20 x 2 m, com uma treliche de metal enferrujado, um tanque de plástico, que deveria ser branco, mas estava preto, e um vaso sanitário entupido.

Segui para a rouparia, onde me entregaram duas calças, um uniforme cinza, duas camisetas brancas e dois moletons azul-marinho. Deram um colchão e só. Mais nada. Retornei para a cela acompanhada por quatro agentes. Orientaram para andar de cabeça baixa. Ficaria 30 dias em triagem. Não poderia receber visitas. Não poderia falar com ninguém nem receber visita ou o jumbo – o sacolão de comida entregue pela família. Passaria esse tempo de portinhola fechada. Isolada de tudo e de todos. Era uma época de frio. O cobertor que me deram pinicava muito. E eu não sabia se colocava o cobertor de lençol ou se me cobria com ele.

Eu me deitei assim que entrei. Acabei adormecendo até o dia seguinte. Já era hora do almoço. Havia perdido o café da manhã. No prato azul-marinho que me entregaram tinha arroz, feijão e umas bolinhas que pareciam almôndegas. Olhei aquilo e joguei tudo no vaso sanitário. Não conseguia comer. Fui dormir e acordei com um barulho. Eram outras presas que sabiam quem eu era e me jogaram umas bolachas de água e sal e de maisena por debaixo da cela.

Minha salvação ali foi uma detenta de nome Sandra, advogada, que estava presa condenada por homicídio. Ela era de Maringá. Ela tinha pedido à segurança uma companheira de cela. Como eu era uma das únicas com nível superior, acabei transferida. A cela de Sandra tinha mais estrutura: TV, leite Ninho, bolacha, Nescau... Foi a minha salvação. Hoje eu sei que essa ajuda foi primordial para a minha sobrevivência. Sandra me fazia comer e conversávamos muito.

Meu período de triagem acabou 17 dias depois. Então já poderia receber visitas e os jumbos. Os dias de visita eram sofridos: difícil para a minha mãe me ver naquela situação deplorável. Eu lembro quando a vi pela primeira vez naquela selva humana. Era bem diferente do ambiente da PF de Curitiba. A Penitenciária Feminina de Piraquara era barra pesada. Nosso primeiro encontro foi em um dia de muito frio, no meio do pátio, um dos poucos lugares agradáveis daquele lugar. Nós nos abraçamos sob os olhares de agentes penitenciários. Era a guarda especial. Minha mãe veio logo depois de uma visita de meu irmão, na semana anterior. Esses encontros me deixavam muito emocionada, me desestabilizavam por dentro. O carinho da família, para mim, sempre foi o alicerce para seguir em frente em meus caminhos. Chorava muito, o que acabou me rendendo o apelido de "Pó de Arroz" dentro da penitenciária.

Ela me levava comida e guloseimas, que eu engolia com as mãos, feito uma selvagem, o ser humano que eu era parecia ter se desintegrado naquele lugar. Ela preparava também sanduíches de pão com presunto e queijo, refrigerante e frutas – o que era permitido, na verdade.

Durante o tempo presa, eu estava praticamente indiferente a tudo, um estado de letargia que nunca havia sentido, talvez um meio de proteção daquele inferno em que vivia. Talvez até o inferno fosse melhor que aquele lugar: um colchão imundo cheirando a urina; uma cela fria; poucas roupas apesar do frio rigoroso e, como a comida era intragável, eu e a colega de cela vivíamos à base de achocolatado com água e biscoitos amassados. Muitas vezes a fome foi tanta que chegamos a comer coisas que nem fazíamos ideia do que seria. Meu cabelo começou a cair por desnutrição e minha cabeça ficou cheia de feridas. Foi por isso que resolvi raspá-la depois.

Vivi situações desumanas que beiravam o absurdo, como o caso de uma detenta que havia roubado uma calcinha e um sutiã, e estava presa havia um ano e meio porque não tinha dinheiro para pagar um advogado. Piraquara tinha também as presas especiais, condenadas por crimes hediondos. Elas tinham visitas especiais. O lugar mais temido era a tranca, a cela para onde eram enviadas as presas que cometiam faltas muito graves. Geralmente, os punidos ficavam entre quinze dias e um mês em uma cela totalmente escura, sem banho, sem contato algum, uma coisa desumana. Quando saíam, as presas não conseguiam nem abrir os olhos, desacostumadas com a claridade. A tranca era um castigo que lembrava muito as antigas masmorras.

Para tentar passar o tempo, decidi trabalhar. Queria me ocupar de certa forma. Mas, para isso, teria que descer das salas especiais para o convívio com as presas comuns. Aceitei. Ajudaria a confeccionar os uniformes dos presídios do Paraná, pregando botões. Mudei para a cela de Maria Mercedes, também doleira e condenada pelo juiz Moro. Logo chegou a Márcia, também transferida de cela, uma jovem de 27 anos que matou a gerente da loja em que trabalhavam, e estava no presídio havia sete anos.

Decididamente, eu nunca mais seria aquela Nelma que um dia chegou a São Paulo cheia de sonhos. Eu já não era mais a mesma pessoa, e talvez nunca mais volte a ser. Esses nove meses no presídio de Piraquara foram um aprendizado valioso, pois aprendi a não julgar mais ninguém sem antes conhecer sua história.

Nessa época em que estive em Piraquara, em conversa com meu advogado, acertamos a compra de um laudo médico com a indicação de uma cirurgia no estômago. Desde 2009 eu tinha problemas de estômago. Fiz uma cirurgia e várias outras reparadoras. Meu estômago tem 5 centímetros, quando o normal seria ter 15. Assim, conseguiria pegar uma prisão domiciliar em razão desse problema. Seria a única maneira de me curar e, acima de tudo, uma manobra para sair daquele inferno de Piraquara. O médico que faria o laudo me cobrou R$ 350 mil. Ele era amigo do meu advogado e também do perito. A minha família foi contra, mas eu tomei a decisão. No fim, nem foi preciso nenhuma artimanha. Comia muito mal desde que a Lava Jato começou. Em Piraquara, isso se intensificou. Um dia, comecei a vomitar e a defecar sangue. O diagnóstico foi hérnia de hiato com muitos pólipos e ulcerações.

Fui mandada para o Complexo Médico Penal e operada às pressas, em agosto de 2015. Fiquei na UTI e quase morri. Quando melhorei, permitiram uma dieta especial: caldo supercoado, sem nada sólido, depois dieta semipastosa e pastosa. No entanto, isso não foi suficiente e eu não estava nada bem. Minha mãe implorou aos prantos para que o juiz Moro a autorizasse a me ver e dormir comigo no hospital. Ela foi para lá e ficou algum tempo comigo. Na minha mente é tudo nublado. Não lembro se foram noites ou apenas minutos em sua companhia. Mesmo hospitalizada em estado crítico, eu era vigiada por três agentes federais na antessala e mais uma viatura na rua, como se eu pudesse fugir ou representar qualquer perigo naquele estado. Nem rastejar eu conseguia. Num ato que eu achei muito cruel para mim, o juiz Sergio Moro ligou para o médico perguntando se eu estava bem. O doutor apenas disse: "Ela está melhor". Ele então me deu alta, solicitando, cruelmente, que eu voltasse para a penitenciária.

Mesmo estando debilitada, me mandaram de volta para Piraquara. Sandra já não estava mais lá. Fui para a ala das mães do cárcere. Era um setor mais tranquilo e mais seguro e, teoricamente, mais limpo. Porém, a penitenciária não tinha nenhuma estrutura básica para receber uma presa em pós-operatório. Poderia ter pegado uma infecção generalizada. Fiquei com a impressão de que queriam que eu morresse.

Meu advogado conseguiu permissão para que eu recebesse sopas. Mas eu não tinha opção: o cardápio era sopa fria e gelatina, pois me davam garrafa térmica com água quente que só era suficiente para dissolver a gelatina, que endurecia com o gelado do chão. Para mim, tudo foi feito de caso pensado. Eu sempre achei que faziam de tudo para que eu abrisse o bico. Minha opinião.

****

Na época do Natal, o presídio organizava algumas atividades festivas, como a apresentação de integrantes da Orquestra de Câmara da PUC-PR e de um coral formado por alunos da universidade e pelos próprios presos. Nem preciso dizer que participei do evento. Sou muito festeira mesmo! Nessa época, apareci em um canal de televisão chinês. Uma equipe de reportagem estava lá para registrar o evento do Natal Solidário e acabou filmando o coral. Fui entrevistada em inglês e ganhei destaque. Ganhamos também um kit com produtos de beleza, panetone e um cartão de Natal. Eles montavam uma festa simbólica pra gente, com vários comes e bebes. Como eu passava muita fome no dia a dia, me empanturrei de tanto comer. Resultado: fiquei muito mal. Vomitei tudo o que havia ingerido. Comi pelos olhos feito uma criança faminta.

Nesse primeiro Natal longe de casa, eu estava muito sensível. E nessa época fazia aflorar nas presas o mais nobre dos sentimentos. Eu me lembro de uma presa que pediu perdão a uma colega, porque elas tinham brigado feio por disputa de espaço de venda de drogas do lado de fora. Acabaram presas juntas e o dia a dia na penitenciária se tornara um verdadeiro inferno para elas. O clima depois disso melhorou demais! Eu estava na galeria das mães grávidas e, à noite, para compor a ceia do dia

25, cada presa contribuiu com o pouco que tinha. Uma levou um pouco de macarrão instantâneo que havia sobrado do jumbo; outra levou leite em pó e bolachas de água e sal. E eu, que sempre tive muita fartura de comida no Natal em minha casa, entrei com um pouco de suco de frutas em pó. Aquilo mexeu demais comigo. O fato de estar naquele lugar e com pessoas passando fome enquanto o dinheiro público que deveria ser usado também para esse fim nunca chegava, assim como a verba destinada à merenda escolar, entre outras, nesse Brasil da corrupção. Diferentemente de muitos políticos que hoje estão presos, eu nunca desviei dinheiro público. Nunca. Seria incapaz disso. Tenho meus princípios e valores e sou fiel a eles. Todos os meus negócios financeiros foram viabilizados de maneira legal. Isso é indiscutível.

Outro registro: nessa época, cada família tinha a permissão de levar um panetone de dois quilos e um guaraná. Pedi para minha mãe levar quatro panetones de 500 gramas cada um. A ideia era que o pão natalino rendesse por mais tempo. A segurança não deixou entrar. De raiva, destruí o único que havia recebido e joguei tudo no vaso sanitário.

No fundo, eu sempre achei que todas essas pressões tinham um alvo superbem definido. Para a Lava Jato, a Nelma só valia por causa de seu envolvimento com o doleiro Alberto Youssef. Era o Beto que eles queriam. Sim, para mim ele sempre será o Beto.

Olhei para o Beto e gelei: meu Deus, é o homem da minha vida

Uma viagem no tempo... Em fevereiro de 2000, eu havia feito negócios com alguém que, por sua vez, havia negociado com Alberto Youssef, doleiro do Paraná que eu ainda não conhecia. Meu cliente começou a atrasar o pagamento e, pressionado para me pagar, disse que Youssef não havia cumprido sua parte no acordo, pois passava por dificuldades, numa situação onde vendia o almoço para comprar a janta. E lá fui eu tentar receber minha dívida: esse foi meu primeiro contato com o doleiro do Paraná.

Youssef me explicou que seu pai tinha falecido e pediu um tempo para se organizar financeiramente. No esquema em que atuávamos, se uma parte não cumprisse o que era determinado, todos ficavam comprometidos. Começou aí nosso vínculo profissional. Todos os dias ele me ligava passando a cotação, pois já conhecia minha fama e meu nome no mercado. Eu sempre fui muito correta e já era rica nessa época. Na verdade, eu já era milionária e com uma carreira consolidada nesse mercado. Só que as ligações diárias foram dos papos sobre negócios a assuntos corriqueiros do dia a dia. Ele então começou a me paquerar. E deixou claro que não desistiria tão cedo.

Depois de tantos telefonemas, ele me convidou para jantar porque queria me conhecer pessoalmente. Mas eu, como sempre, me esquivei. No Dia dos Namorados, ele ligou dizendo que havia comprado um presente para mim, porque eu seria sua namorada. Bem, eu e a mulher dele seríamos suas namoradas. Claro que eu ria daquilo, pois teria que ser uma grande brincadeira. Mas não era.

Junho de 2000. Recordo-me que fazia muito frio em São Paulo. Youssef estava na cidade e ligou me convidando mais uma vez para jantar. Mas, dessa vez, não foi de uma forma espalhafatosa como ele costumava fazer, com pirotecnia, flores, bombons e joias. Foi apenas um simples convite de um homem para uma mulher. Talvez por isso mesmo, pela primeira vez eu o levei a sério e disse SIM. Resolvi que iria conhecê-lo, pois não tinha nada a perder, eu ainda dizia que "namorava" o João Paulo, que estava no Mato Grosso. Na realidade, ele não significava mais nada para mim.

Marcamos de nos encontrar em um restaurante muito simpático e aconchegante, perto de minha casa. Atrasei, pois não sabia o que vestir. Sentia-me como uma adolescente que vai ao primeiro encontro. Acabei vestindo um conjunto de couro branco, de calça e jaqueta, e uma blusa preta. Olhei no espelho e me achei bonita e radiante, como tinha que ser.

Quando cheguei ao encontro, ele já estava lá me esperando. Vestia uma calça jeans surrada, uma camisa xadrez de cores azul e rosa, com os botões quase caindo, e uma jaqueta muito brega de couro marrom, desbotada. Nos pés, mocassim marrom com o salto acentuadamente gasto nas laterais externas, e na mão esquerda uma maleta tipo 007 ralada nas bordas, maior que ele próprio. Era visível que aquele homem não era lá muito bem casado, pois parecia relaxado com a aparência, como se ninguém cuidasse dele. Cabelo mal cortado e a barba rala e com falhas. Por isso, acreditei que ele não mentia para mim quando dizia: "Sou casado ainda pelas minhas filhas, mas não há mais relacionamento algum com minha mulher. Ela é apenas a mãe das minhas filhas".

Olhei para ele e gelei: "Meu Deus, ele é o homem da minha vida". Aquela sensação de não sentir os pés e de ter um milhão de borboletas voando no estômago dizia que minha vida daria uma guinada tremenda. Giros de 360 graus com várias piruetas. "Meu Deus, eu não devia ter vindo!". Por natureza eu sei que não tenho limites e, de vez em quando, enfio os pés pelas mãos. Aquilo foi amor à primeira vista. Senti uma felicidade inexplicável de menina, mas, ao mesmo tempo, uma angústia por dentro. Essa sensação de borboletas no estômago continuou ao longo de muitos dias. Ao lado dele, eu sabia que poderia tudo e que seria tudo o que desejasse: ali estava o homem da minha vida. Era como se algo me completasse – minha metade. Algo tipo *yin yang*. Foi difícil, mas eu tentei disfarçar meu encanto e nervosismo. Conversamos sobre várias coisas, assuntos diversos e, no final, entendo que a noite foi muito agradável. Deixei-o num hotel lá perto e fui para casa.

Passado um tempo, ele insistia que queria namorar, mas eu negava, pois bem ou mal ele ainda era casado. Mas o Youssef sempre foi muito persuasivo e decidido. Quando queria algo, encasquetava e não media esforços até conseguir. Acredito que para dizer que viveu de verdade, você tem que ter amado muito. Ter emoções como se estivesse em uma montanha-russa com vários *loopings*. E ter o controle preciso da sua vida nas mãos. Nem mais, nem menos. Afinal, "Life is only one to be only good".

Em 20 de agosto de 2000, chutei o pau da barraca e decidi viver o que estava sentindo por ele. Liguei para o Beto – era como eu já o chamava – e disse que estava indo até Londrina para conversar com ele. Ele estava em Foz. Pegou um carro e foi me encontrar. Foi inevitável – a paixão explodiu de um jeito maluco e começamos a namorar. Revezávamos na ponte São Paulo-Londrina/Londrina-São Paulo. Um dia, eu ia para Londrina à noite e voltava para São Paulo na manhã seguinte, e ele fazia o mesmo no dia seguinte, vindo me ver. Vivemos quatro meses de enorme paixão e alegria, cada encontro era inexplicavelmente superado pelo próximo. Atuávamos como se aquele momento fosse o último de nossas vidas, querendo aproveitar até a última gota. Realmente algo de difícil compreensão, fugindo totalmente do que temos como convencional. Não tínhamos regras. Tudo era muito intenso.

****

Em janeiro de 2001, Beto se mudou para São Paulo e fomos morar juntos no meu apartamento. Comprei um enxoval inteiro para ele. Vários presentes para dar as boas-vindas: meias, cuecas, camisas, pijamas, sapatos, casacos, blusas, relógios. Importei uma sofisticada maleta italiana, para substituir aquela horrível 007 ainda do primeiro encontro. Tudo combinando e ele de acordo com meu bom gosto. Eu queria ver aquele homem bem vestido e bem cuidado. Barba feita e cabelos bem cuidados. Unhas aparadas e polidas, pele tratada e perfumada. Ele sempre repetia que iria resolver sua vida e tratar do divórcio. Eu nunca cobrava nada, apesar de eu mesma já ter terminado meu relacionamento anterior de seis anos para ficar com ele. Queria viver nossa história de amor com plenitude: queria casar no papel, ter filhos e constituir família. Ele disse que ficaria comigo definitivamente e me pediu que procurasse um escritório na cidade de São Paulo. Montamos nosso escritório no bairro de Moema. Ele transferiu seus negócios para lá e eu tocava esse espaço pessoalmente. O escritório de Santo André eu passaria a administrar a distância. Ele me fez quebrar.

Alberto Youssef e Nelma

Em março de 2001 eu engravidei. Foi uma explosão de felicidade da qual nunca encontrarei palavras para descrever. Fiquei num estado de euforia e satisfação jamais vivido até aquele momento. Eu seria mãe. Um sonho. Minha mente viajava imaginando aquele bebê. Mas pouco tempo depois, infelizmente, perdi a gravidez. Foi muito, muito triste. Era o meu sonho e o dele também, que queria muito ter um filho homem comigo, pois já tinha três filhas. Beto, nessa época, estava preso pela segunda vez. Eu acho que esse foi um dos motivos pelos quais eu fiquei muito fragilizada emocionalmente, o que pode ter me levado a perder o bebê.

Os três primeiros anos juntos foram os melhores, vivíamos em lua de mel. Nós éramos um casal feliz, éramos jovens, destemidos e sempre em muita sintonia. Fomos muito apaixonados um pelo outro. E foi assim que nossa história começou. Vivemos juntos por nove anos, com altos e baixos, alegrias e tensões, mas com muito trabalho. Trabalho mesmo, um trabalho árduo, eu trabalhava incansavelmente. Só que também havia muitas intrigas da oposição, que me fizeram pirar e viver outro romance em Paris.

O Beto e a Polícia Federal: velhos conhecidos

A história do Beto com o crime começou muito antes da Lava Jato. Foi muito noticiado seu retrospecto juvenil na época de sua prisão. Ele chegou a ser apreendido na adolescência. Ele e a irmã foram flagrados transportando diversos produtos contrabandeados do Paraguai para revender em Londrina, onde ele cresceu. Beto sempre teve muita proximidade com doleiros que atuavam na fronteira e ensinaram a ele alguns truques para lavar dinheiro.

Ele se enrolou com a justiça em 2003. Foi preso no dia 2 de novembro por agentes da Polícia Federal enquanto visitava o túmulo da mãe, em um cemitério de Londrina[8]. Ele foi acusado de atuar como líder de uma quadrilha que desviou dinheiro do já falido Banco do Estado do Paraná, o Banestado. Era o homem que ajudou a lavar os recursos ilegais, em uma fraude que chegaria a US$ 28 bilhões. Na época, Youssef estrelou o maior caso de corrupção descoberto no Brasil. A prisão também foi decretada por Sergio Moro, então juiz da Vara Especializada em Lavagem de Dinheiro.

Sua situação foi se complicando... Foram caindo sobre ele diversas acusações: crime contra o sistema financeiro, operação ilegal de câmbio, evasão de divisas, uso de documentos falsos para operar com câmbio, falsa identidade, formação de quadrilha e movimentação irregular de conta-corrente no exterior.

---

[8] Ver em: https://www.folhadelondrina.com.br/politica/doleiro-de-londrina-e-preso-pela-pf-468522.html

Quando o Beto foi preso, nós estávamos estremecidos. Ele me fez quebrar operando na Bolsa de Valores pela Bônus Banval, utilizando-se do meu nome, o que me rendeu minha primeira multa na Receita Federal. Atualmente ela deve estar em torno de R$ 12 milhões. Logo que eu o conheci, em meados de 2000, ele estava quebrado financeiramente. Quando começamos a nos relacionar, abrimos juntos uma conta-corrente e, um dia, ele se apossou de US$ 1 milhão do meu caixa para pagar uma dívida familiar. Fiquei enfurecida. O valor ficou pendente e esse dinheiro comprometia a movimentação de meus negócios. Com o Beto na cadeia, passei outro apuro. Uma remessa de dinheiro vinda de Ciudad del Este acabou interceptada por assaltantes que, ao serem pegos, diziam que havia sido o próprio Beto que tinha mandado roubar. Vai saber... De qualquer forma, resolvi agir. O Beto tinha uma quantia de mesmo valor a receber – US$ 1 milhão. Eu simulei um assalto e tomei o dinheiro dele, porque eu tinha que recuperar o meu caixa. Eu fui covarde ou muito corajosa. Era tudo ou nada naquele momento. Eu tinha que pegar o dinheiro e dar continuidade ao meu negócio e, obviamente, dar cobertura a ele também. Não sabia quando ele sairia. E como sairia! Onde iria respingar tudo isso? Era necessário agir. Não tive dúvidas e optei por me apossar do que na realidade era meu!

No dia da visita ele chegou a ameaçar:

"Eu sei que isso não aconteceu, você não foi assaltada. Isso é dinheiro de cliente meu, muito bandidão, e ele está me ameaçando. Se você não me devolver esse dinheiro, eu vou pendurar todo mundo".

Ameaças que, claro, ele não conseguiu cumprir. Desde o momento em que foi preso, continuei operando sob suas orientações. Eu jurei de pés juntos que tinha sido assaltada, porque eu não iria abrir mão da quantia. Era decisivo para que meus negócios continuassem!

O Beto fez a primeira delação da história[9]. A defesa sugeriu ao Ministério Público Federal um acordo, em que ele entregaria as informações que tivesse em troca de redução da pena. Ao todo, ele cumpriu um ano e meio. Assim como no acordo da Lava Jato, que aconteceria anos depois,

---

9 Ver em: https://politica.estadao.com.br/noticias/geral,delacao-de-alberto-youssef-desencadeou-a-lava-jato,70002516081

ele estaria proibido de cometer novos crimes por um prazo de dez anos. O que ele jamais conseguiu cumprir.

Quando ele saiu, fez da minha vida um inferno. Eu não devolvi o dinheiro. E foi a minha sorte, porque durante todo o período em que ficou preso eu consegui me levantar. Depois de um tempo, ele voltou para São Paulo e nos acertamos. Firmamos uma nova etapa em nossas vidas com um pacto de sangue. Ele não operaria no câmbio e eu daria continuidade aos negócios que já fazia – uma maneira de ele se levantar.

Depois disso, ele se tornou um empresário de telefonia. A partir daí, dividia tudo em partes iguais, até os centavos eu dividia com ele. O lucro, né? Porque o prejuízo ele nunca assumiu. Nesse período, eu me lembro de ter sido assaltada outras vezes. Em uma delas, entraram em meu *bunker*[10]. O dinheiro estava escondido em dutos de ar-condicionado, onde já cheguei a "guardar" R$ 20 milhões.

Volta e meia, ele jogava na minha cara que eu o tinha roubado. Um dia, eu estava chateada e disse a verdade. Falei que tinha sido bom porque eu havia conseguido quintuplicar a quantia. E foi por isso que eu consegui dar uma vida melhor a ele. E também para a família dele – as filhas e a esposa.

Em meados de 2008, nossa relação começou a ficar estremecida novamente. Eu dizia para ele:

"Um dia, você vai chegar em casa e vai ter um homem na nossa cama".

Dois anos antes ele começou a fazer negócios com empreiteiras. Ele não me dizia nada e agia de forma muito estranha. Apenas me pedia para operacionalizar as quantias. Ele chegava muito tarde em casa e saía muito cedo. Eu achava que era por outra coisa, mas não. E ficou muito difícil nossa relação profissional. Ele nunca me falava o que fazia. Decidi quebrar a parceria e não dividir mais nada do que eu operava porque, além de tudo, andei para trás financeiramente. Foi quando conheci o arquirrival dele, outro doleiro, que terminaria preso por interceptações

---

10 *Bunker* é um lugar estrategicamente construído para manter os ocupantes a salvo de guerras ou desastres. São construções elaboradas, geralmente com grossas paredes de concreto e reforçadas com aço. Aqui, obviamente, Nelma está se referindo a um esconderijo de difícil acesso, onde geralmente o dinheiro era mantido "seguro". (N. do E.)

da Polícia Federal. Nossa relação estava desgastada. O Beto tinha se esquecido de tudo que vivemos e o que eu havia feito por ele, coisa que eu tenho plena convicção de que mulher nenhuma faria. Ele só pensou em si, nos negócios dele. Ele dizia que não me contava suas atividades para me poupar. Na verdade, não foi nada disso. Na hora do vamos ver, ele não me aliviou. Pelo contrário, se pudesse ele me deixaria apodrecer na prisão. Eu fiquei presa e, mais uma vez, fui uma mulher forte: não o entreguei. Eu jamais faria isso. Não era por ser ele. Isso é da minha personalidade, do meu caráter. Fui chamada inúmeras vezes para dizer o que sabia e tentar trazer novas provas ao caso Odebrecht. Foi então que ele começou a me tratar melhor dentro da carceragem da PF. Isso era típico dele. Quando precisava de alguma coisa, Beto sempre mudava a situação. Um homem estrategista:

– Você tem a chave para sair daqui. Busque na memória os pagamentos que você fazia lá fora.

Eu respondia:

– Beto, mas você nunca mencionou seus clientes. Como eu vou saber? Você me usava apenas como um banco de compensação.

Eu tinha feito grande parte das operações sem saber. Ele precisava que eu me lembrasse das transações para poder repassar aos procuradores. Era o que a PF precisava para ter provas concretas, expandir novas fases e chegar a outros nomes dentro das empreiteiras. Eles queriam que eu falasse tudo, até mesmo sobre o dossiê dos dissidentes da PF, o grampo telefônico na cela do Youssef, a notícia de que um grupo de profissionais da própria polícia pretendia negociar, a um preço milionário, um dossiê que ajudasse a melar as investigações.

Eu me lembrei de que uma vez houve um bloqueio das minhas contas nos Estados Unidos. Houve o pagamento de uma empreiteira na ordem de US$ 400 mil; sim, lembro exatamente o valor e o banco porque eu tenho memória fotográfica. A transação foi realizada, mas eu não tive como repassar o recurso. E isso deu um grande rolo. Contei ao Youssef esse trecho. E ele se lembrou. Claro, para variar, ele queria na época que eu pagasse esse valor. Ele me responsabilizava por isso. Ele usou essa informação em benefício próprio para contribuir, mais uma vez, com seu acordo de delação premiada. A PF juntou mais essa prova e eles me seguravam cada vez mais para eu ir falando as coisas. E nada do que viria a dizer entrou no meu acordo. Eles só diziam "isso tudo vai colaborar, vai te beneficiar, vai te ajudar". Pelo contrário, o meu acordo foi o pior da história da Lava Jato e fiquei lá muito mais tempo. Todos os presos eram pressionados, e logo que o acordo era proposto eles deixavam a Superintendência. Comigo não aconteceu assim, como eu ainda vou contar nos próximos capítulos.

Na verdade, mais uma vez o Beto me usou para selar e fortalecer o seu acordo e se livrar do cárcere. Eu me entreguei de corpo e alma a esse homem, e ele, pelo que parece, mesmo eu estando presa, me usava como escada para a sua liberdade. Nos negócios, nem se fala. Ele abocanhava, mas pior bobo é aquele que não quer enxergar. No fundo, foi uma escolha. De caminhos que traçamos para nossas vidas. Paguei o preço...

Desventuras de um triângulo amoroso

Paris, junho de 2009. Suíte presidencial do Hotel Ritz. Por alguma dessas loucuras impetuosas que não encontramos razão ou explicação que se justifique, eu estava curtindo e comemorando o Dia dos Namorados com meu *affair*, empresário e também doleiro, mas concorrente e arquirrival do meu amor. Eu havia reservado essa suíte e comprado as passagens de primeira classe. Depois de uma noite apaixonante, despertei pela manhã ao som suave de *She*, na voz de Charles Aznavour, que tocava de maneira estrategicamente planejada por ele. Abri os olhos e observei aquele *gentleman* de roupão branco que interfonava em francês para a recepção, solicitando que nosso *petit déjeuner* fosse servido na suíte presidencial.

Eu me levantei e caminhei nua até uma banheira clássica e requintada de linhas arredondadas e acabamento esmaltado, acredito que recuperada do século XIX, do período vitoriano, carinhosamente preparada com sais aromáticos. A água estava em temperatura agradável e exalava uma fragrância deliciosa. Observei alguns frascos com óleos essenciais que estavam sobre minha toalha e roupão branco com minhas iniciais, presenteados delicadamente pelo serviço de *conciergerie*. Ele era um judeuzinho bem cuidado, de estatura mediana, pele branca e sempre deliciosamente perfumado. Vestia-se sempre com muito bom gosto, com roupas das principais grifes do mundo e sempre muito detalhista. Um cavalheiro de sorriso lindo. De ótimo papo, que sabia como cativar e envolver as mulheres, ou mesmo desenrolar bem os negócios, pois isso fazia parte da profissão. Muito diferente do árabe que ensinei a se arrumar desde o nosso primeiro encontro, mas que era o meu amor e parceiro nos negócios.

Talvez por inveja de algumas pessoas próximas, eu vinha sendo bombardeada com insinuações e conselhos que me estimularam a tomar essa atitude na qual me encontrava. Eu sentia um peso na consciência por estar agindo assim, depois de tudo que havíamos vivido juntos, mas sempre pensei que se você está no inferno, abrace o capeta. E era exatamente o que eu estava fazendo. Eu queria aproveitar ao máximo aquele momento, mesmo porque tinha me custado os tufos de dinheiro. E já que Paris é a cidade dos amantes, era uma boa ideia.

Saímos do hotel e fomos namorar, caminhar por belíssimos jardins, e já no fim da tarde saboreamos um jantar romântico à luz de velas com uma boa taça de champanhe *rosé* num restaurante romântico, discreto e aconchegante. Depois caminhamos abraçados segurando algumas sacolas da Chanel, pois em meio a tudo aquilo não teria como resistir às minhas comprinhas. Retornamos para o Ritz e, mesmo exaustos, tivemos a nossa segunda noite de amor, regada com carícias e toques que me deixam arrepiada quando relembro.

Na manhã seguinte, em vez de retornarmos para São Paulo, surpresa do meu judeuzinho, ele sugeriu que ficássemos mais um dia, e, com um sorriso, aceitei. Estávamos no *Le Avenue*, na Avenida Montaigne. Seguimos num Mercedes para Honfleur, uma comuna francesa charmosíssima na região administrativa da Normandia. Ele havia feito a reserva no hotel *La Ferme Saint Siméon*; local estratégico, pois trata-se de uma edificação magnífica do século XVII, posicionada nas colinas da linda cidade costeira que captura a maravilhosa luz sobre o Sena. Depois retornamos para São Paulo, e, como não poderia deixar de ser, chamei o meu Ali Babá e expus a ele o que havia acontecido. Perguntei a ele se colocaríamos uma pedra sobre tudo o que tinha acontecido e recomeçaríamos nossa relação. Porque eu estava magoada com ele por toda a ausência nos últimos tempos. Ou se cada um de nós partiria para um lado, seguindo com nossas vidas. Eu que nunca imaginei minha vida sem ele, e pelo fato de tê-lo aceitado casado por nove anos, achei que ele não levaria isso em consideração. Mas, para minha surpresa, ele disse que cada um seguiria a sua vida. E foi assim que ele saiu da minha vida. Isso causou em nós uma grande mágoa e rancor. Foi aberta uma ferida que até hoje não conseguimos tratar. Depois disso veio o rompimento. E eu, na tentativa de explicar meu real papel nesse relacionamento ao júri, durante meu depoimento na CPI, disse que era a *Amada amante*, como ainda vou descrever neste livro.

De volta ao coração da Lava Jato

Depois de ficar nove meses na Penitenciária Feminina de Piraquara, retornei à Polícia Federal de Curitiba, República da Lava Jato. Fui pescada como uma sardinha no meio do oceano. Era fevereiro de 2015. Cruzar com o Beto também era inevitável. No começo, ele se manteve muito distante. Ele fingia que não me conhecia. E todos sabiam do nosso envolvimento. Ele estava muito nervoso com o que estava acontecendo. Beto tinha feito contato com todas as empresas envolvidas na Lava Jato e, no fundo, ele sabia onde tudo aquilo iria parar. Os outros, não. O Beto era um *mix* de raiva e ódio por tudo que estava acontecendo. Desde que começamos a nos envolver profissionalmente, tínhamos um combinado de que se ele caísse, eu assumiria. Ele fez tudo para sair. Eu o protegi me mantendo calada. E, depois, acabei me ferrando.

Um homem não pode deixar uma mulher presa em um inferno como aquele de Piraquara por nove meses! Não pode... Hoje, consigo perdoá-lo. Consigo entender que, naquele momento, naquela situação, coisas maiores estavam afetando diretamente todo o esquema. Ele me conhecia e sabia o quão forte eu era. E ele não conseguiu segurar as pontas. Para mim, o que importa é a atitude. Ele acabou falando porque estava acuado, sendo ameaçado, a família em uma situação complicada, principalmente as filhas. Assim como eu, o Beto também não tem medo do que poderia acontecer com a gente. Mas o medo vem quando envolve nossa família ou as pessoas que amamos.

Na PF, chegamos a brigar um dia. Disse que ele deveria dar um jeito naquela situação, fazer parar tudo aquilo. Ele tinha que tomar uma atitude. Ele não fazia nada. Eu já vinha alertando havia alguns meses que a situação tinha saído do controle. Uma figura com carisma e de extrema popularidade estava voltando a ganhar um poder muito grande. E o pior: voltando a incomodar. Quando a corda arrebentou, veio feito avalanche.

Amada amante

Era manhã de uma terça-feira, 12 de maio de 2015. Como se não bastasse aparecer na casa das pessoas no primeiro raiar do dia, para cumprir os mandados de prisão dos envolvidos na Lava Jato, o japonês da Federal, o agente Newton Ishii, também dava as caras de vez em quando em nossas celas na PF de Curitiba. Mas não tenho o que dizer dele. Sempre foi um grande ser humano no trato com a gente, os presos midiáticos do maior escândalo de corrupção do país. No dia em que eu seria levada à CPI da Petrobras, ele apareceu e logo me disse, com aquele sotaque meio japonês:

"Kodama, coloque um casaco que você está indo para uma CPI".

Eu não entendi nada. Achei até que fosse uma pegadinha. Não sabia que seria levada para uma CPI. Eu fui pega totalmente de surpresa. No fim de semana, não tive a visita dos advogados. A gente sabia que estava rolando a CPI da Petrobras, mas eu só pensava: o que eu tenho a ver com isso? O senhor Newton me disse que os meus advogados já estavam lá me esperando.

Eu me vesti com uma blusa branca, calça jeans e um casaco. Fazia muito frio. Saímos[11] Luiz Argôlo, André Vargas, Pedro Corrêa, Carlos Habid, René Pereira e eu. Todos transportados no mesmo furgão. Como sempre, com batedores e sirenes ligadas para chegar à CPI. Um espetáculo midiático.

O trajeto foi de conversas. Só Pedro e eu estávamos na Superintendência da PF; os outros estavam no Complexo Médico Penal, também em

---

11 Luiz Argôlo, André Vargas e Pedro Corrêa eram deputados federais; Carlos Habib Chater era um doleiro de Brasília e René Pereira foi considerado "traficante de drogas" pela PF. (N. do E.)

Curitiba. Era um reencontro de conhecidos. Cada um contando o que se passava nas celas, o dia a dia no cárcere, como estavam vivendo e acompanhando os desdobramentos da Lava Jato. Eu estava muito crítica em relação aos métodos escusos da força-tarefa, o abuso de autoridade, de poder, tudo sempre transformado em espetáculo, com uma enorme distorção dos acontecimentos. Definitivamente, eles queriam fazer a Lava Jato bombar. O circo estava armado.

Chegando ao Fórum da Seção Judiciária do Paraná, encontrei meus advogados. Perguntei o que estavam fazendo ali. Eles disseram que foram avisados de última hora e não tinham como me comunicar antes. Incrivelmente, fui a primeira a ser chamada para depor. Meus advogados me orientaram a falar o mínimo possível, eu que já estava havia um ano e um mês sem contato algum com o mundo. Quando eu entrei naquele auditório, naquele palco – sim, aquilo era o palco de um grande espetáculo –, eu quase fiquei cega com tantos flashes. Fiquei assustada com a quantidade de jornalistas e pensei que todos iriam me fazer perguntas.

Tentei demonstrar calma, mas era quase impossível se manter assim em uma situação como aquela. É como se eu estivesse entrando na jaula dos leões. Eu me senti como uma presa no Coliseu romano. Comecei falando sobre a corrupção no Brasil:

– O Brasil é movido a corrupção. Uma vez que parou a corrupção, o Brasil parou!

Perguntaram, afinal, onde estavam os 200 mil euros que eu levava no dia em que fui presa no aeroporto, em São Paulo. Respondi de sorriso aberto, e me levantei pra demonstrar:

– Não estava na calcinha. Estava no bolso aqui, exatamente aqui. No bolso detrás.

Naquele momento eu percebi que eles iriam me provocar o máximo. Achei que o interrogatório fosse durar pouco. E eu só iria responder que "me reservo o direito de ficar em silêncio". Foram quatro horas e meia. Isso mesmo! Quatro horas e meia de uma grande falação. E eu que achava que fosse coisa de uns dez, quinze minutos. Fui bombardeada por perguntas sem nexo algum, que não faziam parte do meu universo ou do contexto. Até chegarem ao assunto sempre preferido por todos: minha relação com

o Youssef. Foi a pergunta do deputado Altineu Cortes, do Rio de Janeiro. Naquele momento eu estava desarmada. Eu não sabia o que fazer.
– A senhora foi amante de Alberto Youssef?
– Depende do que o senhor entende do ponto de vista de amante.
– A senhora escreveu.
– Eu escrevi, mas depende, sob o meu ponto de vista...
– Eu não entendo, a senhora que escreveu.
– Então eu posso explicar?
– Pode.
– Obrigada. Eu vivi maritalmente com Alberto Youssef do ano 2000 a 2009. Portanto, eu, além de viver maritalmente com ele, porque amante é uma palavra que engloba tudo, né? Amante é esposa, amiga...
– Eu não estou fazendo julgamento...
– Mas eu estou...
– Eu só estou sendo claro. Eu só estou lendo o que a senhora escreveu.
– E eu estou explicando. Posso continuar?
Nesse momento eu abri os braços e entoei a canção, pedindo o coro da plateia ali presente.
– Então, tem até uma música do Roberto Carlos... "Amada amante, amada amante", não é verdade? Então, quer coisa mais bonita do que você ser amante? Uma amante com quem você pode contar, ser amiga dela, então... eu vou responder ao senhor.
Enfim, foi a única coisa que me passou pela cabeça. Era um relacionamento pessoal que veio a público. Quando deixei aquele palco, já fiquei pensando em todo o espetáculo televisivo que seria feito nos telejornais daquele dia. Muitos acham que fui debochada. Mas o deboche, na verdade, foi deles. E é claro que a minha resposta não poderia ser outra. Quando eu desci, uma repórter da *Veja* jogou um cartão profissional em meu bolso, dizendo que queria conversar comigo. Bela Megale. Ela foi uma querida. Nesse dia, enquanto esperava a vez dos outros presos, meus advogados perguntaram o que eu queria comer. Eu fui contemplada com comida japonesa e me esbaldei.
Enquanto isso, na PF, na hora que eu comecei a cantar, rolou uma chamada da CPI da Petrobras no programa *Encontro*, da Fátima Bernardes.

Nesse momento, o Beto estava tomando banho. Dizem que quando entrou a reportagem, ele saiu quase que pelado, enrolado na toalha. Ele começou a me xingar em voz alta. Todos já sabiam nos bastidores que eu, obviamente, era esposa ou amante dele. Mas a esposa mesmo era eu! Nossa relação eu jamais expus. Sempre fui discreta, afinal vivíamos juntos de sábado a sábado... 24 horas por dia! Não havia necessidade de eu ser a outra. Eu era a esposa. Nosso romance era velado. A esposa era, digamos, o seu meio de vida. Sobrevivência *versus* conforto.

Quando eu voltei para a Superintendência da PF, achei que o Beto fosse me matar. No começo pensei que aquilo não daria tanta repercussão. Eu não tinha noção. Aquilo é um assunto que rende até hoje. Até um agente da PF veio me dizer: "Nossa, você canta muito bem!". Minha manifestação foi a coisa mais verdadeira que aconteceu em toda aquela CPI.

O Beto ficou sem conversar comigo por um mês. Na PF, ele sempre fingia que não me conhecia e fazia questão de me provocar o tempo todo para eu perder a paciência. Uma das coisas que mais odeio é cheiro de cigarro. Ele, sabendo disso, fazia questão de fumar em frente da minha cela.

Ensaio do discurso que Nelma pretendia fazer na CPI

A delação-bomba

Era uma segunda-feira, fevereiro de 2016. Um delegado me chamou em sua sala e foi bem categórico:
"Vai chegar uma mulher aí na sua cela".
A ordem era que eu a convencesse a falar, fazendo um acordo de delação: ela seria a peça-chave para entregar a Odebrecht. Seu nome é Maria Lúcia Tavares.
Segundo os jornais do momento[12], ela chegou à Odebrecht no final dos anos 1970 como datilógrafa, no escritório de Salvador da maior empreiteira do país. No início ela trabalhava na área de concorrência, depois como secretária migrou para o setor jurídico e passou a representar o grupo em demandas trabalhistas. Aos poucos, Maria Lúcia ganhou a confiança dos chefes e chegou à área financeira. Quase quarenta anos depois se tornou a testemunha-bomba da 26ª fase da Lava Jato, a Operação Xepa, que levou o alto escalão da Odebrecht a fazer delação premiada.
Em troca da liberdade, o braço forte da Odebrecht relatou aos investigadores a rotina das propinas para diretores de estatais, agentes públicos e políticos. Era ela quem catalogava o fluxo de propina paga pela empreiteira – eram tratados de maneira educada como "prestadores de serviços". Os depoimentos da secretária indicaram que a Odebrecht mantinha um setor profissionalmente organizado para realizar os pagamentos. Na interceptação de e-mails

---

12 Ver em: http://g1.globo.com/jornal-nacional/noticia/2017/02/secretaria-que-revelou-departamento-de-propina-da-odebrecht-depoe.html

de executivos da Odebrecht, os investigadores suspeitaram que o termo "acarajé", famoso quitute baiano, era a forma cifrada que a empreiteira usava para tratar do repasse de propinas em dinheiro vivo a endereços de São Paulo e Rio de Janeiro. Tudo isso foi amplamente retratado na cobertura jornalística dos principais jornais e revistas do período[13]. Nesse momento, inclusive, a revista *Veja* dedicou uma capa sobre a Odebrecht e a manchete arrasa-quarteirão: "A delação do fim do mundo"[14]. No destaque, a chamada: "As revelações da Odebrecht sobre corrupção já somam 300 anexos e deixam os políticos em estado de pânico".

****

Num primeiro momento, Maria Lúcia teve decretada a prisão temporária por cinco dias que, depois, foi renovada por mais cinco. Ela só chegou à Superintendência da PF de Curitiba dois dias depois da operação ter estourado. Ficou inicialmente na PF de Brasília. Nem preciso dizer que estava completamente assustada ao adentrar na República de Curitiba. Ficou em uma cela imunda, com colchão cheirando a urina, comida ruim. A mesma tática que usaram comigo. Sua grande preocupação era com uma sobrinha.

Uma pessoa discreta, reservada, que viu em mim uma parceira. Quando ela chegou, dei um abraço forte. Não estava fazendo pra trazê-la para o meu lado, mas sim como ser humano. Eu sabia exatamente o que aquela senhora estava sentindo. Ela não era uma criminosa.

Maria Lúcia sabia que não tinha escolha. Eu nunca impus ou a obriguei a falar. Contei sobre a minha experiência, a verdade do que estava acontecendo e o que eles poderiam fazer com ela e com a família, caso não entrasse em acordo com a PF. Nem mesmo a força de uma empreiteira mundial poderia resolver qualquer situação naquele momento. Ela ouviu meu lado, contou absolutamente tudo o que

---

[13] Ver em: https://politica.estadao.com.br/blogs/fausto-macedo/maria-lucia-a-secretaria-que-fez-o-imperio-odebrecht-se-render/
[14] Ver em: https://veja.abril.com.br/edicoes-veja/2502/

acontecia nos bastidores e mencionou o nome de outra amiga dela que também participava dos pagamentos.

Ela disse que iria refletir, orar e pedir a Deus sobre o melhor caminho a tomar. A secretária tinha receio do que a PF poderia fazer contra ela. Assim, resolveu colaborar e acabou solta por Sergio Moro. Para o juiz, a função da secretária era subordinada ao esquema criminoso. Ela não pode deixar o Brasil ou mudar de endereço sem autorização judicial, e fica obrigada a comparecer a todos os atos do processo e atender às convocações da PF.

Cumpri muito bem o que me pediram. Mas, antes de tudo, fui amiga e humana. E nada, nada de minha liberdade...

Meu querido diário – parte I

Para passar o tempo, comecei a escrever. Meu tempo no cárcere rendeu cinco volumes de uma espécie de diário de bordo da cadeia. Os diálogos, os personagens, as cenas engraçadas, as manias, as cartas e as fotos que recebia da família, entre tantas pequenas recordações. O dia a dia dos midiáticos personagens da Lava Jato. Nos trechos que aqui vou contar, alguns nomes podem ser omitidos para não comprometer suas condenações ou causar possíveis danos morais aos envolvidos. Alguns diários foram iniciados em paralelo, independentemente de terem ou não suas páginas preenchidas. Fui escrevendo de maneira aleatória, sem muito rigor ou compromisso, e reproduzo aqui alguns trechos.

Quatro dos cinco volumes dos diários de Nelma. O primeiro deles, segundo ela, foi confiscado por agentes da Polícia Federal de Curitiba

Diário da cadeia – volume 2 (14/3/2015 a 8/9/2015)

Frases que escrevi na primeira página deste volume. Várias delas eu ouvi dos presos pelos corredores; algumas são reproduções de trechos de leitura; outras são minhas próprias reflexões.

– "Viva um dia de cada vez."
– "Aqui sobrevivem só os fortes."
– "Chora, presa! Sonha, presa."
– Disciplina e calma são as chaves do sucesso! Em épocas de caos, exige-se paciência, agir com calma e ser ponderada! Manter a calma para, no momento adequado, agir com firmeza.
– Seja impenetrável, estampe no seu rosto o *poker-face*. Não altere seu tom de voz e não demonstre pressa.
– "A beleza pode vencer a barbárie."
– "A integridade é a chave para viver livre da ansiedade. Quando nada temos a esconder, nada temos a temer. O engano escraviza, a honestidade liberta!"
– "O Senhor concede vitória, pois a batalha é do Senhor!"
– "Vença o mal com o bem. Não há problema algum em descansar. Jesus luta quando você não pode. Ele luta quando você não pode. Ele vai aonde você não pode ir."

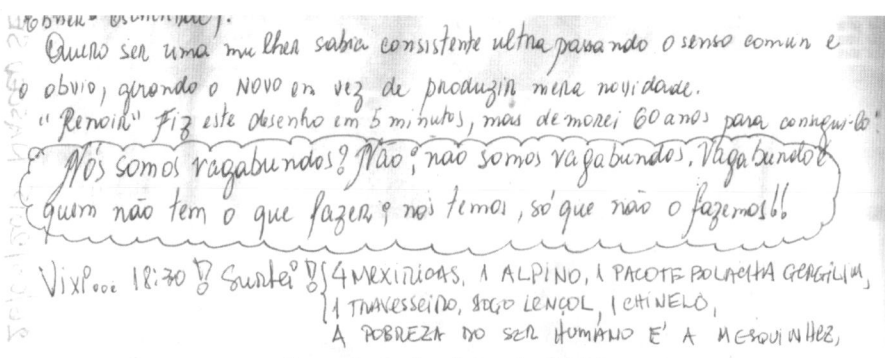

Reprodução de página do diário
que Nelma escrevia na prisão

17 de março de 2015

Hoje faz um ano que cheguei à Superintendência da Polícia Federal de Curitiba, a República da Lava Jato. Demorou alguns dias para que eu entendesse o que estava acontecendo.

Não podemos voltar atrás em certas coisas na vida e acabamos fazendo escolhas por pressão e por engano que custam a nossa liberdade, nosso dinheiro, e descobrimos especialmente que amizades são traiçoeiras.

Nessa época pude refletir, pois o que mais eu tinha e hoje ainda tenho é tempo. Também me reconciliei com Deus, briguei com Deus, questionei Deus, e perguntava: "O que foi que aconteceu? Por que o Senhor me castigou com mão tão pesada?". Chorei, me desesperei, me senti sozinha. Eu me culpei não só por isso, mas por tudo, até mesmo se chovesse ou fizesse sol.

O primeiro encontro com meu irmão Gustavo se deu no dia de visita, pelo parlatório. Uma pequena sala, com três separações, mesa, vidros e telefones. O contato foi pelo vidro, por telefone, uma vidraça nos separava. Não pude conter as lágrimas... E o Gu, apesar do seu esforço, não resistiu. Pedi perdão a ele e por todo o sofrimento que eu estava causando a toda a família. Ele se manteve firme; falava em nome de Deus, pediu-me calma e que ficasse em paz. Disse a ele que eu não tinha condições de receber a visita de minha mãe, ainda não estava preparada.

20 de março de 2015

Nem tudo que brilha é ouro!

De repente a mente brilhante se torna frágil e não entende por que o mundo é redondo e não quadrado. Estou ouvindo a pesca das baleias e, em cima de tamanho peso, solicito uma enorme rede! Da noite para o dia o branco se torna preto, e o que era bolo de milho vira farofa de ovo. Então, altera-se totalmente as medidas da receita. Onde diz 1 colher de chá de bicarbonato de sódio, muda-se para um copo de farinha láctea marca Nestlé.

O *chef* de cozinha nunca erra, sempre tem a última palavra e sempre é a mais sábia e correta.

Estou cansada de muito blá-blá-blá, muita ação e nenhuma decisão efetivamente ativa. Na verdade, estou com meu saco elástico na lua, porque é muito fácil acusar as atitudes alheias, as escolhas alheias.

Sábia é minha mãe, que avisou, que me aconselhou. Voltar-se a Deus, pois tudo isso faz parte do processo de maturidade.

Queria mesmo estar em casa com a minha família, que me aguarda com seu amor, compreensão e completa paciência e perseverança.

Verdadeiro mesmo é o sentimento de minha mãe, do meu irmão, o resto há, em cada um, seus interesses e seus problemas. Esta é a verdadeira lei da Terra.

23 de março de 2015

Hoje foi a leilão o Porsche apreendido na Operação Lava Jato. Durou apenas dez minutos e foi arrematado por R$ 206 mil. Eu, no *Jornal Nacional*: "Nelma Kodama, a doleira que ficou conhecida por portar euros na calcinha". Pelo amor de Deus, dá pra esquecer e tirar essa parte da vida? Fala sério! Vi no jornal depois uma foto da *Branca*. Como estava empoeirada! Três pessoas disputaram o meu carro.

25 de março de 2015

Hoje, logo pela manhã, estive com minha doce e adorada mãezinha. Seu semblante era tranquilo, e ela estava com cabelos curtos e tinha uma carinha de choro! Falamos pelo parlatório, por telefone, mãos grudadas na vidraça. Vinte minutos apenas, tantas coisas para dizer, o mais importante era passar a ela que estava bem; e com foco e atenção no propósito por Deus concedido. Nos próximos dez minutos, tivemos a chance de ficar abraçadas, de mãos dadas, e afaguei os cabelos dela. Ela me trouxe as frutas que eu gosto, um travesseiro e uma manta com o cheiro do meu perfume preferido. Coisas de mãe...

27 de março de 2015

Sexta-feira. Logo pela manhã recebi a visita de um advogado de São Paulo. Coloquei a ele o propósito de sua contratação. Ele ficou de analisar e posicionar o Gustavo na próxima reunião. O dia está com um sol tímido, e esvaziaram-se as celas. Provavelmente há uma nova etapa da Lava Jato, e pela movimentação da casa parece que teremos novos moradores!

Os doze presos aqui custodiados já estão todos no Complexo Médico Penal. Ontem foi o Baiano[15] levando alguns pertences e sua marmita para o jantar. Li pelos jornais que o tratamento destinado a ele será o mesmo, que estão apenas numa ala diferenciada, com uns 12 metros quadrados, uma pia, um vaso sanitário no chão e três camas. A comida será a mesma que é servida aos demais detentos. O banho coletivo de 8 em 8 pessoas, para os 90 presos que estão nesta ala. O banho de sol será de uma hora, e as visitas por duas horas e 30 minutos. Eles usaram uniformes e a alimentação só será supervisionada nos dias de visita.

O PIB está agora vivendo a realidade dos detentos, com exceção da privação de liberdade – eles terão a oportunidade de viver, dormir e comer o que a maioria dos brasileiros vive. No cotidiano de cada um, eles nem sonham com barrinhas de cereais, roupas de grife ou água francesa... O PIB terá que conviver no mesmo espaço, ainda que por pouco tempo. Bilhões foram desviados em propinas e em inúmeras obras inacabadas que só ajudam a comprovar a ganância de cada um. Parabéns, Moro. Sou sua fã[16]!

Sábado, 28 de março de 2015

Chove desde ontem à tarde. O tempo úmido e cinzento traz preguiça, e eu só tenho vontade de dormir. A custódia está silenciosa, e dois novos vizinhos chegaram ontem. Um preso de uma empreiteira, e outro que dizem ser operador. Ele seria também um coordenador de propinas da Petrobras.

Nestor Cerveró[17], meu vizinho de cela, é um sujeito estranho e depressivo. Durante a hora de sol, todos os dias, ele faz a barba. E depois anda de um lado para o outro. Antes ele ficava nos cantos com seu companheiro de cela, Baiano... Sistemático, orava e ajoelhava três vezes ao dia, pegava a Bíblia e a foto dos filhos. Depois, colocava um par de luvas de plástico amarelas e limpava minuciosamente seu cubículo.

---
15 Fernando Falcão Soares era lobista e ficou conhecido pelo apelido de Fernando Baiano. (N. do E.)
16 A ironia sempre uma constante nos diálogos de Nelma, principalmente em seus diários. (N. do E.)
17 Nestor Cerveró era ex-diretor da Área Internacional da Petrobras. (N. do A.)

Era gentil e elegante em suas palavras. Comentou que estava preparado para tudo, pois sabia o que era viver numa selva, e jurava de pés juntos que não havia absolutamente qualquer prova para mantê-lo preso, e que ele sabia mesmo assim que somente na quarta instância estaria livre, se é que me entende (rs). Na semana passada ele estava aguardando a resposta de um *habeas corpus*, que pela sua determinação e certeza de seu advogado haveria 99% de chance de ele ir para casa. O juiz Sergio Moro arbitrou uma nova prisão preventiva, e já comunicou ao tribunal que havia novos inquéritos. A preventiva era em decorrência de Baiano ter presenteado a sra. Patrícia Cerveró. Terra abaixo. Baiano foi transferido para o Centro Médico Penal. Nessa custódia encontram-se agora Youssef, Nestor, Almada, Ricardo e outros três ou quatro presos por homicídio, contrabando de cigarro e não sei mais o quê.

Sábado e domingo são sempre os piores dias. Na essência nada muda, pois estamos presos de qualquer forma, mas o psicológico fica girando. Apesar de estar presa há um ano e um mês, acho que ainda continuo com a ideia do FINAL DE SEMANA. Melhorei bastante. Aliás, muito. Há muito tempo deixei de chorar e hoje tenho tranquilidade e paz.

Domingo, 29 de março de 2015

São 14h40. Já se foi o banho de sol, o almoço com estrogonofe, macarrão, arroz, feijão, salada de escarola. Já comi meia manga, um bombom, uma paçoca. E já tirei uma soneca das 13 horas até agora. Acordei com barulho na cela ao lado abrindo para mais um preso – cigarreiro. Ele faz companhia a Nestor, que já reclamou de *over population*, ele e mais dois...

Youssef, o rei da carceragem, assiste sua TV no último volume, e hoje divide sua cela com um cara de *nerd*, esquisitão, daqueles que explodem caixas eletrônicos em série, ou daqueles que são *serial killers*. Enfim, o mês de março está acabando, e eu pedi a Deus que me levasse para casa até a Páscoa, ainda não desanimei. Para Deus tudo é possível.

Terça-feira, 31 de março de 2015

Será que quando tudo isso passar eu vou conseguir reviver um cotidiano normal? Sem cicatrizes ou lembranças do frio, da fome, das humilhações, dos medos, das batidas das travas e fechaduras, das portas se fechando e eu presa dentro de um banheiro, que se tornou minha moradia fixa pelos próximos dias, semanas, meses, anos?

Domingo, 5 de abril de 2015

Esta é a segunda Páscoa que passo presa, e coincidentemente no mesmo local, na sede da Superintendência da Polícia Federal de Curitiba. Com exceção de que hoje não ganhamos, nem permitiram a entrada de ovos de chocolate na última visita. Quase todos os alimentos foram barrados. Havia um batalhão de repórteres sempre de prontidão, à espera de qualquer movimento que possa virar noticiário. Nestor Cerveró tem razão: na sexta santa e no sábado, o *Jornal Nacional* não coloca em pauta as notícias da Lava Jato, somente a TV Bandeirantes aborda todos os dias, dando o ibope necessário em seu principal telejornal, o *Jornal da Band*. Nessa oportunidade foi a vez de filmarem a primeira visita dos novos presos da operação. Noticiaram que houve regalias ou distinção, e todos passaram por revista e ficaram em fila. E a comida de Páscoa que os visitantes poderiam trazer eram carne assada, maionese e macarrão. Porém, como diz a entrevistada mãe de um detento, "Nóis trais miojo com extrato de tomate, mas esse povo aí, até a comida vem da Suíça".

20 de abril de 2015

Estamos em quatro pessoas na cela. Alessandra, presa por portar 40 notas de R$ 100 falsas. Ela e o marido acharam que era um ótimo negócio. Falamos muito. Marice, cunhada do Vaccari[18], fez ontem seu depoimento por duas horas. Ela negou as acusações do Youssef, e hoje aguarda a revogação da sua prisão temporária. O Espírito Santo me disse que ela vai embora...

---

18 João Vaccari Neto era tesoureiro do PT (Partido dos Trabalhadores). (N. do E.)

Raspei o cabelo. Toda mulher quando quer uma mudança em sua vida, pinta o cabelo, corta estilo chanel, repica, mas ficar CARECA é uma questão de ATITUDE, POSTURA, MUDANÇA RADICAL.

Novo look! Sinto-me leve e livre. A força não está nos cabelos e sim no coração. Ouvindo e honrando sempre a Deus, Jesus Cristo e o Espírito Santo. Aqui, rimos de tudo do P.P.L.J. – Partido dos Presos da Lava Jato. O Vaccari quer me colocar de tesoureira, já recusei, pois disse: "Presa again? No". Youssef, o oráculo de Delfos, disse que soube que Ricardo Hoffman será transferido. Ele é o cara, ele sabe de tudo. Fala sério! Nestor Cerveró, vulgo Milord, está surtando hoje, espemeando. Gerson Almada[19], o querido otimista, é um gentleman. Luiz Argôlo, o nosso Bijuzinho. O Vaccari é o Pimpão. Aqui todo mundo está ganhando um *nick*. O meu ficou IMPERATRIZ. Bem bonito, né? Foi Vaccari que colocou.

5 de maio de 2015

Hoje foi dia de revista geral. Total. Fomos todos para o pátio por quase três horas – em pé, mãos para trás. Cabeça para a parede. Cachorro cheirando as celas. Aquele alvoroço[20].

12 de maio de 2015

Fui chamada para depor na CPI da Petrobras. Não tenho nada a ver com isso. Uma corrupção sobre a outra corrupção. Um santo cobrindo o outro. Quebrou o vício, o círculo, aí o país entrou em crise. Eu admiro o juiz Sergio Moro, mesmo sendo condenada a uma pena pesada.

13 de maio de 2015

Hoje, ou melhor, desde ontem a imprensa toda voltou os holofotes para a cantoria! Não era ou foi intencional. Mas ao ser ou me sentir insultada em rede nacional, eu apenas de forma elegante e bem-humorada respondi ao deputado. Quis ironicamente provocar a sua pergunta e a afirmação maldosa sobre uma relação pessoal. Foi somente essa a intenção e, pela

---

19 Gerson de Mello Almada foi vice-presidente da empreiteira Engevix. (N. do E.)
20 Naquela madrugada, um traficante havia sido preso. Ele carregava maconha e um telefone celular. Esse preso teria entrado com o aparelho em sua cela, segundo o que conta Nelma. (N. do E.)

espontaneidade do meu ato, virou uma situação de descontração e risos. O mesmo eu fiz ao dizer a verdade; onde de fato estavam guardados os 200 mil euros? No bolso detrás da minha calça jeans, e não na calcinha! Afinal, são 14 meses ouvindo a chacota da doleira dos euros na calcinha.

Mas o meu foco foi denunciar o fato da corrupção, falhas no sistema financeiro, falhas no Banco Central. E também a colaboração de meu braço direito, que foi omissa e mentirosa. Hoje mais uma delação premiada foi assinada em Brasília – Ricardo Pessoa. O acordo foi assinado em Brasília por corrupção e lavagem de dinheiro e homologado pelo ministro Teori, relator da Operação Lava Jato.

Hoje mais um depoimento com Júlio Camargo, Alberto Youssef, Nestor Cerveró e Baiano sobre as sondas, e mais nenhum comentário ou risos.

Fatos engraçados: Nestor, completamente atrapalhado, usa Glade com cheiro de lavanda como desodorante, e ao pegar um pedaço de papel para anotar um nome de remédio, Nestor pega uma folha na mesa do agente – "Ordem judicial" –, rasga um pedacinho de papel e usa como bilhete!

Nestor foi questionado e levou um pito. O agente Sérgio diz: "Como o senhor se sentiria se alguém entrasse na sua sala e rasgasse uma ordem judicial?". Nestor responde: "Em primeiro lugar, nunca na minha mesa teria uma ordem judicial. E, no mais, estou aposentado!". Esta é a cena do dia!

Recado de Nestor Cerveró escrito no diário de Nelma
Querida amiga Nelma:

Não posso deixar sem registro o meu agradecimento e a minha amizade, surgida nestes meses que passamos em celas juntas aqui na PF do Paraná.

Apesar de toda a dificuldade e a tensão emocional a que fomos submetidos, é admirável o seu espírito de solidariedade e de simpatia com todos, que muito ajudou a reduzir o desgaste diário.

Paralelamente, no meu caso, a atenção e o carinho que você me dirigiu nunca serão esquecidos. Muito obrigado. Um beijo do seu amigo Nestor.

Panorama ▪ Veja Essa

"Eu não chego a ser um garoto de Ipanema, mas morei 45 anos em Ipanema."

NESTOR CERVERÓ, ex-diretor da área internacional da Petrobras, preso por envolvimento no escândalo do petrolão, em depoimento ao juiz Sergio Moro. Ele disse que havia trocado o bairro carioca por Itaipava, na região serrana do Rio, "devido a essa exposição gigantesca de que fui vítima na imprensa, na mídia, em todas essas operações"

Queridos amigos NELMA:

Não posso deixar sem registrar o meu agradecimento e a minha amizade, surgido nestes meses que passamos em celas juntas aqui na PF do Paraná.

Apesar de toda a dificuldade e a tensão emocional a que fomos submetidos é admirável o seu espírito de solidariedade e de simpatia com todos que muito ajudou a reduzir o desgaste diário.

Particularmente, no meu caso, a atenção e o carinho que você me deu nunca serão esquecidos. Muito obrigado.

Um beijo do seu amigo Nestor

21 de maio de 2015

Para dar um UP! Nesta madrugada, o senhor Elzio[21], totalmente embriagado, entrou com seu Logus 92 pelo portão da Superintendência da Polícia Federal de Curitiba. Ele estava tão embriagado que não tomaram o depoimento dele. Era impossível. Isso ocorreu por volta das quatro da madrugada. Agora são 11 da manhã. André Vargas e Luiz Argôlo estão dando um banho no senhorzinho. E a frase do dia ficou sendo de André no banheiro dando um "passa d'água" no cara:

– Bom-dia, meu nome é André Vargas, ex-deputado. Não tô pedindo voto, porque eu vou demorar muitooooo para me eleger. Hahahahaha!

Eles brincam que contrataram um pelotão para nos resgatar na carceragem, só que se esqueceram de combinar com os presos que devíamos estar lá fora esperando...

– Tire sua cueca que está toda cagada!
– E agora venha, sr. Pedro Corrêa, para nós te darmos banho também.

Corrêa, sempre bem-humorado e com respostas rápidas e inteligentes, responde:

– Mas vocês vão chacoalhar direitinho?

O velhinho está limpinho, de banho tomado. Deitou-se com uma enorme enxaqueca e daqui a pouco será ouvido.

Hoje também está sendo deflagrada mais uma fase da Lava Jato. Novas buscas e apreensões e mais e mais assuntos.

Um delegado foi afastado das investigações internas sobre envolvimento de agentes públicos federais e delegados da Polícia Federal. Foi solicitada pela CPI da Petrobras a exumação do corpo do ex-deputado José Janene. Aqui há uma mistura de ficção com realidade! Onde vamos parar?

---

21 Elzio morava em uma casa vizinha à sede da PF. Ele chegou de carro, embriagado, e errou a entrada, pensando estar entrando em casa. Bateu com o veículo no portão da Superintendência. Segundo Nelma, os agentes se assustaram no início, achando que fosse um plano de resgate de presos. (N. do E.)

Diário da cadeia – volume 3 (17/7/2015 a 15/11/2015)

Frases na galeria – 11 de agosto de 2015

"Irmão, o cara comeu um mendigo com meia e tudo."

"Eu disse para minha esposa: serão as melhores férias de nossas vidas. Pegamos o avião do Youssef, e olha eu aqui... Minha mulher toda sexta fazendo revista íntima. E agora eu aqui nesse corredor dormindo com o Zé Dirceu."[22]

"Imaginem o Vaccari pegando nas pernas do Pedro Corrêa, erguendo, e eu passando pomada no saco do Pedrão!"

André Vargas

"Luiz Argôlo pega o barbeador do Fernando Baiano e depila o saco."

14 de agosto de 2015

Meus companheiros de Superintendência são muito diferentes.

Jorge Zelada[23]: *o Gordinho gosta de dormir, lê muito. Fica o tempo todo com uma calça xadrez, de pijama, basta ver um colchão e lá vai ele se encostar e dormir. Fala pouco, mas é muito engraçado com suas tiradas do fundo do baú.*

Ricardo Hoffmann[24]: *todos brincam com o Ricardo, dizendo que é veado, só para mexer com ele. Eu, particularmente, não consigo enxergar esse "tic" nele. Publicitário de Brasília, está aguentando bem, especialmente pelo fato de não ter tido o privilégio de receber visitas. Ele tem dois filhos e nenhum pode vir.*

Nestor Cerveró: *este merece um diário inteiro. Ele é "íssimo". Inteligentíssimo, queridíssimo, atrapalhadíssimo. Tem um físico um pouco fragilizado, cabelos brancos, seus choros velados quando recebe cartas da neta fizeram me apegar a ele. Eu digo "Nestorzinho é o nosso garoto de Ipanema". Esta frase ficou conhecida quando ele, em audiência, olhou*

---

22 José Dirceu era ex-ministro-chefe da Casa Civil – governo Lula. (N. do E.)
23 Jorge Zelada era diretor internacional da Petrobras. (N. do E.)
24 Ricardo Hoffmann é publicitário e ex-executivo da Borghi/Lowe. (N. do E.)

para o juiz Sergio Moro e disse, seriamente: "Meritíssimo, o senhor conhece Ipanema?". Ele é sincero e até sua inocência é engraçada. O seu tom: "Tá bom. Tá bom. Muito obrigado".

José Dirceu: *faz uma semana que o ex-ministro chegou; é disciplinado nos seus exercícios, corintiano, na sua refeição come tudo sem sal, tem a pressão alta. Hoje deu 17 x 10. Ele é educadíssimo, 69 anos, nove casamentos, solteiro. Político. Inteligente. Passa o dia lendo, dormindo ou jogando cartas. Conversa pouco, mas nada político. Tudo para ele é uma questão administrativa. Um dia brinquei com ele. Dei uma de repórter e disse:*

– O senhor faria tudo de novo?

Ele disse:

– Sim.

– Você se arrepende de alguma coisa? – perguntei.

E ele:

– Algumas eu poderia ter feito melhor; outras, não.

É um homem de muitos segredos, acredito que alguns irreveláveis. Ontem seu irmão foi liberado e solto. Durante toda a estadia do irmão, eles ficavam cada um do seu lado. Não vi nenhuma relação ou proximidade, uma coisa fria, ou apenas estratégica, sei lá.

Alberto Youssef: *um personagem.*

E assim vivemos em harmonia, aguardando o dia da liberdade; outros, da sentença. Todos mantêm o bom humor e tentam levar esse período de forma a não se abaterem ainda mais. Cada um tenta da sua forma fazer o tempo passar! Hoje ficamos sabendo que o Lucas e o Stefano foram depor na CPI da Petrobras.

20 de agosto de 2015

Eduardo Cunha foi denunciado. Há possibilidade de quebra do acordo de Júlio Camargo, e Barusko foi o melhor colaborador. Ahhhh, devolveu US$ 97 milhões. É o cara! Baiano fez contraproposta. Um ano fechado, um ano domiciliar, mais valores! Nestor está discutindo os anexos. Há seis meses Baiano dizia: "Estou preparado para a selva, não sou delator". Nestor dizia: "Não tenho nada para dizer". Hoje estão negociando a delação. Beto vai para a CPI na quarta. Acareação com o Paulo Costa! Não está fácil.

23 de agosto de 2015
LISTA DO SIM (quando sair da cadeia)
– Ir voando para casa.
– Estar com minha família, dormir com minha mãe.
– Andar por toda a casa.
– Tomar banho descalça, enxugar em toalha limpa.
– Tomar banho de banheira.
– Dormir na minha cama com lençóis brancos, meus travesseiros, minhas mantas.
– Acordar com o cheiro de café.
– Abrir todas as cortinas e janelas.
– Colocar música pela casa.
– Comer arroz, feijão, ovo frito, bisteca acebolada, salada de almeirão com cebola, batata frita, Coca zero com muito gelo e Tubaína, macarrão, pipoca.
– Fazer o pé e as mãos.
– Arrumar todos os armários dos sapatos, minhas roupas e roupas de cama.
– Arrumar meus livros.
– Arrumar meus lápis de cor, canetinhas, cadernos de desenho e projetos.
– Arrumar a despensa da casa.
– Olhar para o céu e ver a lua e as estrelas.
– Adquirir uma pug e escolher o nome.
– Tomar sorvete napolitano com frutas cristalizadas.
– Tomar banho a qualquer hora do dia.
– Comer verduras e frutas frescas.
– Tomar água gelada.
– Sempre escrever cartas.
– Tomar um banho de mar e ficar boiando.
– Tomar sol, ficar moreninha e com o rosto branco.

LISTA DO NÃO!

– Não ver TV, nem ouvir jornal/televisão.
– Não comer com colher, mesmo que seja sopa.
– Não pedir comida que venha em isopor.
– Não deixar nada dentro de caixas, livros, cadernos, cartas.
– Não deixar nenhuma roupa em sacolas ou em plásticos.
– Não usar potinhos de plástico.
– Não dormir de pijama.
– Não dormir de luz acesa.
– Não comprar ou usar Glade ou Bom ar.
– Não comer bolachas de água e sal, de maisena, atum, patê de atum.
– Não usar a mesma roupa por dois dias consecutivos.

31 de agosto de 2015

O ex-ministro da Casa Civil José Dirceu foi preso pela Operação Lava Jato. Conheci o José Dirceu pessoalmente, na carceragem da Superintendência da Polícia Federal. Nos primeiros dias ele se mostrou amigável. Acordava cedo, fazia exercícios e ficava entre os meninos na hora do banho de sol. Era como se ele estivesse observando o meio e as pessoas. Definitivamente, ele se fechou em copas! Passa a maior parte do tempo deitado, com uma máscara nos olhos. Acorda atordoado. Hoje, 31 de agosto, foi para a CPI da Petrobras. Disse catorze vezes que permaneceria em silêncio, seguindo orientação de seu advogado. Pediu transferência para o Complexo Médico Penal. Dirceu tem 69 anos, é idealista, dizem que foi ele que criou o Lula e a Dilma, tudo por um ideal. Uma grande decepção, pois usou toda sua inteligência, sabedoria e poder para si próprio. Hoje, já condenado pelo Mensalão, cumpre prisão domiciliar. Abatido, eu olho para ele e imagino o que pensa um homem como esse, que praticamente lutou pelos seus ideais, por suas ideias políticas para um país melhor, para uma democracia próspera e criativa para todos, e quando estava no topo caiu feito um raio, uma estrela cadente.

Quem são esses dois delinquentes? Que horror... acho que os pais não deram educação...

É curioso que hoje em dia tenho lembranças antigas que vêm à tona de forma vibrante e cheias de detalhes: os lugares, os endereços, as pessoas, os cheiros e as cores são muito nítidos, enquanto os fatos recentes de três ou quatro anos atrás eu pouco me recordo. Talvez seja uma forma de defesa, pois relembrar bons momentos de uma infância e adolescência extremamente plenas e felizes me traz conforto. Ou será que, por outro lado, procurei apagar os traumas do cárcere? Enfim, só sei que percorrer o *écran* da infância me afaga o coração e faz um bem danado...

A primeira escola em que estudei se chamava Paraíso da Garotada e ficava numa casa de esquina, em frente da Igreja Dom Bosco, em Lins. Lá eu fiz o maternal e o infantil com a tia Norma e a tia Elisa. Nosso uniforme era um jalequinho xadrez de azul e branco com as iniciais P. d. G. (Paraíso da Garotada). Minha mãe me deu o equivalente a cinco reais para levar na escola e disse para gastar só a metade. Eu, em minha ingenuidade, cheguei na escola, peguei a nota e a rasguei ao meio. Foi aí que comecei a ter noção de dinheiro.

Com 3 anos eu tive problema de amídala e passei por uma cirurgia. Saindo do centro cirúrgico, senti um cheiro delicioso de pão com mortadela. O cheiro me deu água na boca! Quando eu tive alta, não pensei

Nelma com o uniforme P. d. G. (Paraíso da Garotada)

duas vezes: matei minha vontade comendo o tal pão com mortadela, escondida atrás de casa. Quase estourei os pontos e, claro, quase apanhei de minha mãe.

No meu primeiro Natal que consigo recordar, minha mãe disse que o Papai Noel viria. E não é que ele veio mesmo? Veio e me trouxe uma bolsinha vermelha de verniz muito linda. Nesse mesmo dia meu pai me levou a uma festa no asilo dos cegos, e lá um dos residentes, o Tião, tocava piano. Foi esse momento que me despertou para a música e o desejo de ter meu piano, pois eu não conseguia entender e, ao mesmo tempo, ficava encantada com aquela pessoa que não enxergava, mas que tirava uma melodia linda e tão tocante ao coração de uma criancinha. No Natal seguinte eu ganhei um conjunto de cadeira, guarda-roupa e cama de boneca. Era amarelo com decalques de flores coloridas miúdas. Encantei-me e comecei a reparar nas cores e detalhes daqueles móveis de boneca: minha paixão por móveis começou ali. Fiquei imaginando várias possíveis adaptações e novos formatos. O Natal trouxe belas lembranças, mas também a maior decepção de minha infância, não muito diferente da de outras crianças: Papai Noel não existia. Que frustração!

Certa vez, quase enlouqueci a minha mãe. Eu faria quatro anos e ela disse que não teria festa, apenas um bolinho para a família. Eu não entendia o que "bolinho" queria dizer e fiquei em frente de casa convidando todo mundo que passava para que viesse na minha festa, recomendando, toda contente: "Não se esqueça de trazer o meu presente!". À tarde, começou a chegar gente que não acabava mais e minha mãe, em pânico, não sabia de onde vinha toda aquela multidão. Como eu adorava festa de aniversário... Aliás, adoro até hoje, sou uma festeira nata.

Quando eu tinha quase 6 anos, nós morávamos na Rua Rio Branco, numa casa de esquina. Tinha uma varandinha, uma sala, dois quartos pequenos e uma pequena cozinha, um puxadinho com tanque e varal, e um quintal com um pé de chuchu e outro de maracujá. Os Watanabes eram nossos vizinhos. Eles tinham três filhas: Marcela, Maria e Marina. Essa família me chamava atenção e me marcou por ser budista, algo não muito comum em nossa região naquela época. Por serem três meninas, tinham uma criação diferente da minha, que nessa idade eu ainda era filha única. Fazíamos a lição de casa juntas, e uma vez a dona Sandra, mãe delas, nos pediu para fazer um desenho retratando como queríamos ser. Eu sempre fazia uma bonequinha com os olhos puxados, rosto redondo, um turbante e um monte de presilhas cheias de diamantes, um vestido cheio de florzinhas com pedras e o sapatinho cheio de fru-frus. Eu já era muito vaidosa nessa idade, gostava de enfeites e detalhes bem femininos. Acho que esse desenho já retratava a mulher vaidosa e bem detalhista que eu viria a ser – apaixonada pelo belo e artístico.

Minha vizinha de frente era a Amanda. Ela não tinha uma beleza tão genuína quanto a da irmã, uma linda loira de olhos azuis chamada Areta. Eu e Amanda éramos um furacão, parceiras na peraltice: vivíamos subindo no muro, tocando a campainha e saindo correndo, batendo nos moleques na rua. O Luiz era um japonês muito babaca que morava na nossa rua. Uma vez, bati tanto nele que para soltá-lo ele me deu uma baita mordida na barriga, cicatriz que eu tenho até hoje. Eu era terrível, sempre tive personalidade muito forte. Foi uma época de muitas travessuras, mas também de muita alegria: brincávamos de carrinho de rolimã, pega-pega, amarelinha, entrávamos nos bueiros e fazíamos comidinhas de lenha. Até hoje tenho muitas cicatrizes nos dedos, de tanto cair do carrinho de rolimã porque descia com tudo na rua vizinha, que era igual a uma montanha-russa.

Um dos meus amigos se chamava Pudim, e sua irmã, Bisa. Eu vivia dizendo para o meu tio Caio – tínhamos pouca diferença de idade – que ele namorava a Bisa. Para retrucar e me irritar, ele dizia que eu namorava o Pudim. Eu chorava rios de lágrimas, dizia que nunca me casaria ou namoraria porque era a filhinha da mamãe. Eu era levada, mas sempre muito carinhosa com todos. Uma de nossas vizinhas plantava flores diversas – rosas, cravos, margaridas, entre outras – e toda sexta-feira eu pedia algumas para levar um buquê para minha mãe e também para minha professora.

Aos 6 anos fui estudar na escola de freiras Nossa Senhora Auxiliadora. O uniforme era uma saia bordô e camisa branca. Minha professora era a irmã Noemi e tínhamos aula à tarde, das 13 às 17 horas. Nessa escola estudavam as pessoas mais ricas de Lins. Foi nessa época que a Faber Castell lançou a caixa de lápis com 24 cores, e meus amiguinhos se desfaziam de mim porque eu tinha uma caixa pequena, com apenas seis lápis. Eu me sentia mal com isso. Não chegava a ser bullying, mas era discriminação por parte deles. No Dia das Mães houve uma homenagem na escola. Minha mãezinha foi eleita "A mãe mais bonita" e ganhou um buquê de rosas vermelhas. Fiquei muito orgulhosa dela... Todo o aborrecimento pela bobagem dos lápis de cor ficou para trás.

Depois nos mudamos para uma casa na Rua Rangel Pestana, que ficava em frente da casa de minha avó. Mudei também de escola, fui fazer o 3º ano na "21 de Abril", uma escola pública onde eu me sentia melhor e mais enturmada. A professora era a querida dona Cleo, e o uniforme era uma saia xadrez de preto e branco e camisa branca.

Foi nessa época que meus pais se separaram – desquitaram, como se dizia naquele tempo. Não podia deixar de ser, atravessamos períodos difíceis. Fora o fato de ter uma mãe "desquitada", que às vezes era motivo de preconceito numa cidade pequena como Lins. Minha mãe era batalhadora. À noite, cursava Odontologia e, durante o dia, trabalhava para manter a casa e os filhos. Era bem difícil, mas ela jamais descuidou de nós.

Minha mãe sempre lutou para nos dar o melhor para que pudéssemos vencer na vida. Por isso, minha grande alegria foi quando ela pôde escolher o lugar em que gostaria de morar em São Paulo. Passou um ano buscando a moradia dos sonhos. Fomos a todos os pontos possíveis, de Alphaville à Granja Viana, até que encontramos um terreno na cidade de Vinhedo, no interior de São Paulo, mas infelizmente não houve negociação. Como o negócio estava demorando a sair, um dia resolvi, após meu trabalho no escritório, ir até aquele condomínio e vasculhar. Rodei bastante por lá e vi um terreno. Era íngreme, mas eu adorei e já imaginei minha mãe ali vendo o pôr do sol. Ela foi até lá e amou o lugar.

Numa das muitas traquinagens de infância, surgiu uma ideia para homenageá-la: "Gustavo, vamos à rádio oferecer uma música para a mamãe!", praticamente intimei meu irmão. E lá fomos nós. Quando minha mãe chegou em casa, não nos achou e entrou em desespero. "Cadê a Nelma e o Guto?", ela se perguntava. E nós lá, sentadinhos na rádio, esperando para oferecer a música *Além do horizonte*, do Roberto Carlos. Quando voltamos para casa, minha mãe não sabia se batia na gente ou nos abraçava.

Fui uma menina de saúde frágil, que sempre deixava minha mãe preocupada. Eu era alérgica a chocolate. Então, quando chegava a Páscoa, eu ficava muito triste. Sempre fui chocólatra, morria por um chocolate. Um belo dia eu peguei uma barra de chocolate "Cri", que já nem existe mais, e devorei inteira. Resultado: tive uma reação fortíssima. Fiquei com vermelhidão nos braços, nas costas e na barriga, além de levar uma surra de minha mãe. Fiz o Gustavo coçar minhas costas a noite toda e, claro, a alergia piorou. Fiquei mais vermelha e esfolada ainda.

No dia seguinte minha mãe passou permanganato de potássio e sarou. Depois disso nunca mais eu tive alergia e hoje me esbaldo comendo todo chocolate que posso.

Lembro-me também que, em algumas tardes em Lins, minha mãe e sua amiga Ana Cláudia sentavam para prosear e descansar nos bancos do belo jardim que ficava em frente da Igreja Dom Bosco. Um dia elas avistam duas crianças em uma mobilete vermelha que passam a escrever em um muro do bairro. "Quem são esses dois delinquentes? Que horror... acho que os pais não deram educação...", reclamou logo minha mãe. Adivinhem. Sim, éramos Gustavo e eu. Muitas vezes, pelas costas de minha mãe, eu zoava e falava baixinho: "Hey, Hitler!". Meu irmão, muito bobão, um dia soltou a frase na frente dela. Foi castigado para aprender.

Nem toda fruta é igual à outra; existe aquela diferenciada por seu conteúdo rico e beleza duradoura

Algo no meu íntimo sempre me mostrou que não nasci para ser pobre. Não afirmo isso querendo ostentar uma posição ou me colocar sobre outras pessoas menos favorecidas. A questão é que, desde que me conheço por gente, percebi que tenho um gosto refinado para coisas de valor. Valor não é só o que o dinheiro pode comprar, apesar de ele ajudar a conquistar muitas dessas coisas. Algumas pessoas possuem muito dinheiro, mas são avarentas e passam pela vida sem desfrutar de tudo aquilo que ele pode proporcionar. Muitas vezes só acumulam ou guardam no banco, para quando no falecimento causarem disputa em família pela divisão dos bens, que culminam na quebra e rompimento das relações. Eu sempre me preocupei em saber como ganhar e guardar dinheiro para poder com ele desfrutar de tudo o que é possível. Fico maravilhada com a cultura e o valor agregado. Sou uma apaixonada pelas artes, arquitetura, design de interiores e de exteriores, em toda a abrangência da palavra, como móveis, carros, roupas, edifícios, parques, ruas planejadas, cidades etc.

Eu me recordo que logo na minha chegada a São Paulo, saí desbravando a cidade e tentando conhecer tudo que fosse possível. Tive a felicidade de começar pelo Parque do Ibirapuera, seguir pela Avenida Faria Lima e subir caminhando pela Avenida Europa até chegar à Oscar Freire. Nesse primeiro passeio, pude compreender claramente o poder que o dinheiro pode proporcionar. A cada olhar eu me deslumbrava com a beleza das casas e edifícios, dos bares e restaurantes. Passei por concessionárias de automóveis e namorei todas as marcas, como Maserati, Jaguar, Ferrari, Porsche, Lamborghini, Aston Martin e Mercedes-Benz. Tudo o que havia de melhor e diferente. Depois dos carrões, caminhei pelas várias lojas de grifes famosas e me apaixonei pelas roupas, sapatos, bolsas, joias e perfumes.

Saindo da Rua Oscar Freire, segui pela Alameda Lorena e caminhei até me deparar com um empório que frequento até os dias de hoje. Naquele local pude apreciar a variedade de marcas importadas e tudo que havia de melhor no mundo *gourmet* da gastronomia. No piso superior desse estabelecimento degustei pães, doces e um cappuccino delicioso, com chocolate belga. Essas são algumas alegrias que o dinheiro pode proporcionar. Esse primeiro passeio, com certeza, me deu força e inspiração para trabalhar muito em busca desses prazeres. Minha mente trabalhava focada, buscando oportunidades em que eu pudesse me desenvolver.

No período em que morei nos Estados Unidos para aperfeiçoar meu inglês, pude perceber uma grande diferença quando se possui qualidade de vida com poder de compra. Quando comecei a ganhar meu dinheiro, também iniciei minhas viagens. Eu tinha inicialmente o desejo de viajar pela Itália. Conheci Milão, Verona, Florença, Veneza, fiz um *tour* de carro por Amalfi, cruzeiro de Sorrento para Capri, mergulhei na Sardenha e caminhei por toda Roma, buscando conhecer também cada cantinho do Vaticano. Amei minhas viagens para Portugal, principalmente pelo contato com o humor característico dos portugueses. Visitei Cascais e Estoril, Sintra, Belém, passando pelo Mercado da Ribeira e monumentos históricos, como Nazaré, já bem ao norte, o charme da cidade de Guimarães com o Mosteiro dos Guimarães e a Casa do Juncal, chegando depois à cidade do Porto e à região do rio Douro. Ao sul, Costa Vicentina, Sagres, Algarve e Évora. Em cada lugarzinho, explorando ao máximo todos os detalhes e particularidades dos vilarejos. Os vários pratos com peixes e bacalhau regados com azeite, aqueles vinhos marrentos que prendem na boca os aromas e a rusticidade característica.

Contei anteriormente da vez que resolvi viajar a Paris e me hospedar na suíte presidencial do Hotel Ritz, na Place Vendôme. Foi para comemorar o Dia dos Namorados, e fiz isso para presentear alguém que, na época, foi muito especial. O presente incluiu as passagens na primeira classe e uma hospedagem maravilhosa. Certa vez, viajando com um querido amigo pela Turquia, ocorreu a brincadeira em que ele tentou me vender por 20 mil camelos a um comerciante no mercado de Istambul. Tivemos que fugir, pois o comerciante levou a brincadeira a sério.

Posso afirmar que consegui fazer bom proveito do dinheiro que ganhei ao longo dos anos. Trabalhava duro, mas me recompensava com muito do que o dinheiro pode proporcionar. Viajei bastante, mesmo a trabalho, onde consegui me divertir e conhecer muita cultura. Viajei por praticamente toda a Europa, Emirados Árabes, conheci a deslumbrante Dubai, várias cidades interessantes nos Estados Unidos e América Latina, como também vários lugares maravilhosos aqui no Brasil. Nas viagens, pude comprar roupas, joias, objetos de arte e até móveis. Por tudo isso, de um jeito divertido e brincando, afirmo que não nasci para ser pobre!

Sempre que possível, me coloquei à disposição para ajudar outras pessoas a ganhar dinheiro e fazer bom uso dele. Há pessoas que aprendem de uma maneira errada que dinheiro é algo sujo, mas não é. Ele não compra felicidade, mas quando você o tem a vida é muito mais divertida. Sempre que necessário, afirmo e encorajo as pessoas a acreditarem nelas mesmas. Ensino a desenvolver um planejamento e se permitirem descobrir coisas novas. Logo que comecei a ganhar muito dinheiro, passei a pensar em alguma coisa que me fizesse manter as raízes, com medo de esquecer meus princípios e valores. Sabe o que eu fiz? Fui trabalhar no Mercado Municipal de São Paulo nos finais de semana. Para conseguir o emprego, eu cheguei até a banca de um português e me apresentei:

"Oi, tudo bem? Eu sou a Nelma, faço faculdade aqui em São Paulo e preciso fazer um bico nos intervalos para poder ajudar a custear meus estudos. Tem uma vaga para mim?"

O senhor me deu o emprego e me pagava R$ 50 por dia, além das comissões sobre as vendas. Só que eu já tinha um Mercedes top de linha e o que eu ganhava não pagava nem o valor do estacionamento do Mercadão. Enfim, uma comparação que chega a ser engraçada. Quando eu saí da cadeia, fui até lá para tentar reencontrá-lo, mas a banca não existia mais. Voltei ao Mercadão várias outras vezes, só que para comer as frutas maravilhosas que vendem por lá e que os vendedores nos servem como degustação. Era o jeito de matar a minha vontade e, de certa forma, a minha fome, sem precisar comprar nada, em uma época de vacas bem magras. E hoje, com essa experiência, posso dizer que conheço vários tipos de frutas. Queria destacar isso para reforçar que a vida é uma passagem rápida, com um aprendizado constante. Podemos levar dessa vida coisas boas e os momentos que vivemos, e isso, em geral, depende somente de nós. Temos erros e acertos, que fazem parte do que somos e ajudam a contar um pouco sobre nossa trajetória. Os caminhos que vamos traçar dependem exclusivamente de nós.

Outras histórias da Polícia Federal de Curitiba

Depois da passagem pela Penitenciária de Piraquara, aquele ano de 2015 seria o meu primeiro Natal na Superintendência da Polícia Federal. Uma experiência bem diferente da que vivi na unidade penal. Nessa época, estávamos com outros presos da Lava Jato. O seu Newton Ishii permitiu que as famílias levassem comida para a nossa ceia. Só que a imprensa não podia saber, para não causar um alarde. Com certeza iriam se pegar nisso como um novo factoide e gerar uma revolta popular de que os presos da Lava Jato estavam recebendo regalias. Como se comida fosse algum tipo de privilégio! Então, na última visita antes da festividade natalina, os familiares só poderiam levar uma pequena sacola, enquanto os pratos encomendados da nossa ceia, de fato, chegaram de madrugada, fora de todo o burburinho dos jornalistas de plantão. Tivemos também autorização para decorar as celas. Eu coloquei fitas vermelhas e botinhas, com muito capricho. Peguei todos os colchões que estavam disponíveis e empilhei. Lençóis brancos e limpos serviram de mesa para colocar os pratos. Pedi também para minha família fazer uma encomenda em um dos melhores restaurantes árabes da região de Curitiba. Fiquei sabendo depois que a cozinha foi avisada de que os pratos eram para a carceragem da PF e seus presos ilustres. Ou seja, o que era para ser sigiloso, por muito pouco – ou por bondade dessas pessoas – não foi por água abaixo. Foi realmente uma superceia, uma confraternização muito bacana.

****

De três em três meses havia rodízio dos agentes na carceragem da PF de Curitiba. Em uma dessas trocas veio o agente Machado. Quando chegou, ele era um homem muito rigoroso. Pense em um homem chato! Ele era muito severo. Vinha do presídio de segurança máxima de Catanduvas, também no Paraná, considerado um dos mais seguros do Brasil. Quando Machado chegou e viu que a gente ficava solto e tinha um certo conforto mínimo, como ter televisão comunitária, ele queria impor um monte de regras. Foi conversar com seu Newton, reclamando que a Superintendência não tinha regras. O simpático "japonês da Federal" logo respondeu que "a regra era não ter regra" e deu os seus motivos:

"As pessoas que estão aqui são diferenciadas. Já chega a pressão psicológica que é feita na cabeça delas. A gente tem que dar um mínimo de condição para eles".

O que o seu Newton queria dizer era que os presos da Lava Jato tinham direito de ter uma geladeira para guardar a comida e um micro-ondas. E tudo isso ficava sob a minha responsabilidade. Eu era a pessoa que limpava e mantinha os utensílios em ordem.

Com a convivência diária, o seu Machado se apegou muito a mim. E foi uma das pessoas que me incentivaram a escrever um livro. Ele disse que o título da obra deveria ser *O desterro da cigarra*. Machado também escrevia e, quando o fazia, mostrava pra mim. No fundo, era uma pessoa muito sensível. Eu me apeguei muito a ele. Seu Machado era um grande contador de histórias. Uma delas me marcou demais.

Estávamos todos lá na ceia. Vou tentar aqui relembrar o que ele me disse, dentro do que minha memória não me trair:

"Dona Nelma, aquela cena de confraternização de vocês... Eu, um agente penitenciário vindo de um presídio de segurança máxima, diante de vocês, diante do maior doleiro do Brasil, da maior doleira do Brasil, do caso amoroso de vocês, de amor e ódio, de tudo. Seu Bumlai, amigo do Lula. Um senhor extremamente educado. Seu Pedro Corrêa, um político com mais de 70 anos, uma pessoa engraçadíssima. O Paulo Roberto, que era o mais normal pra mim. E, de repente, eu tinha ali diante de mim uma cena histórica, porque eu tinha um celular e poderia ter fotografado aquela celebração. Por um momento, naquela hora, vocês não eram criminosos. Vocês eram pessoas que eu aprendi a respeitar. E aquela foi uma das cenas mais bonitas que eu já vi dentro de tudo o que eu já vivi no meu trabalho. A confraternização das pessoas. E ficava tentando imaginar o que cada um pensava naquele momento. E isso me fez lembrar de um filme chamado *A vida secreta de Walter Mitty*. Nele, um jornalista tinha a tarefa de entrevistar um fotógrafo no Himalaia, que estava tentando fotografar um raro leopardo-das-neves. Uma tarefa difícil para ambos. E aconteceu que o fotógrafo, bem no momento do clique, parou, admirou e baixou a câmera. O jornalista, intrigado com aquilo, perguntou o motivo de não ter sido feito o registro. E o fotógrafo apenas respondeu: 'A beleza não precisa de plateia'".

Essa frase mexe muito comigo até hoje. Emociono-me só de relembrar essa passagem. Um orgulho poder ter conhecido o ser humano por trás daquela figura, muitas vezes intransigente no início. Hoje, tenho certeza de que seu Machado é uma pessoa grande. Agente Machado, esta é a minha singela homenagem a você. Guardo com orgulho tê-lo conhecido!

****

A chegada dos presos da Odebrecht, na 14ª fase da Lava Jato, movimentou a Superintendência da PF. O pessoal chegou tarde da noite fazendo o maior barulho. Os presos ligados à construtora, inclusive o próprio Marcelo Odebrecht, usavam – pasme – o uniforme-padrão fornecido pela empreiteira: camiseta branca, calça de moletom azul-marinho e tênis Nike. Marcelo mantinha uma rotina diária de atividade física e uma alimentação controlada. Ele comia seis bananas-pratas das 6h30 às 13 horas, enquanto fazia sua primeira leva de exercícios. Eu mesma preparava suas saladas. Outra curiosidade: as porções de comida levadas pelas famílias eram chamadas de "jumbo" (como já expliquei anteriormente), "sedex" ou "sacola". Porém, o Marcelo chamava suas entregas de "logística" e tinha a preocupação de saber se alguém queria pedir algo, dizendo que "a logística vai vir tal dia".

Aos sábados tinha a noite da pizza. Marcelo era o pizzaiolo. Eu, a assistente. Os ingredientes vinham dos fornecedores mais elegantes e chiques de São Paulo.

O João Vaccari, ex-tesoureiro do PT, e o José Dirceu me chamavam de imperatriz. E nós chamávamos o Dirceu de ministro. Lá ele ainda agia como ministro, dentro de suas possibilidades. Um dia, ele me mandou recolher suas roupas do varal. Retruquei, claro. Disse a ele: "Peraí, eu não recolho nem as do meu ex-marido, vou recolher as suas? Ô, senhor ministro! Se liga, mano!". Eu morro de dar risada ao me lembrar disso. Naquele dia, percebi pela expressão dele que o impressionei. Certamente, ele ficou em choque com a minha resposta.

Meu querido diário – parte II

Diário da cadeia – volume IV (20/11/2015 a 29/1/2016)

20 de novembro de 2015

Este é um novo caderno. Aqui eu guardo as minhas cartas, as frases, algum desabafo. Escrevo alguma história! Estou há 20 meses e 3 dias fora da minha casa e sem a minha família, em comunhão com o meu Deus. Encontrei e reconheci os novos e os antigos/verdadeiros amigos e de tudo não foi ruim! Ao contrário, as coisas ruins passaram, às vezes nem lembro que as vivi. As boas, que estão guardadas ou expressas no meu dia a dia, nas minhas atitudes, estarão para sempre comigo. Todos os dias eu aprendo algo novo ou complemento o que comecei. O mais importante é que sobrevivi, que consegui mesmo não estando ainda de volta para casa. Estar livre é apenas uma questão de lugar e das pessoas de quem eu sinto muita saudade de conviver e estar a todo o momento por perto. No entanto aguardo, pois também sei que este momento aqui vivido nunca mais voltará – daqui a algum tempo se tornará passado. Portanto, eu vivo feliz todos os dias, converso com todos, desfruto da companhia de cada um e dou o melhor de mim, seja limpando a galeria, fazendo uma salada para o dr. Pedro, seja lavando uma roupa. Escrevendo, caminhando, cantando, desenhando. Tudo e em tudo eu faço o meu melhor. Quando escrevo uma carta, é como se eu estivesse conversando com eles, passo para o papel o meu dia e meu sentimento. Aprendi a ser também uma observadora, escutar, ouvir muito e muitas vezes não dar opinião alguma. Não me perguntaram! Mas, se perguntam, sempre há uma boa palavra ou um ombro amigo. Quanto aos homens maus, não tenho mágoa, revanche, rancor, nada. Não há emoção! E nem curiosidade em tentar adivinhar como estão, ou de que estão vivendo. Pedi uma vez que Deus os abençoe, e depois esqueci. Infelizmente, ainda convivo com um deles. E com bom humor eu digo que mais próximo do que quando vivíamos juntos, com a diferença de que ele se tornou um estranho para mim. É como se eu jamais o tivesse conhecido antes, me tornei indiferente. Há pessoas que eu conheci nesta fase, não convivi com elas, no entanto sou mais próxima delas. É muito estranho esse tipo de comportamento. Enfim, é dessa forma que me sinto! Bem, hoje planejarei a semana que vem, lembrando sempre que os homens fazem planos, mas no final é Deus que decide.

7 de dezembro de 2015

Morreu de câncer dia 5, aos 72 anos, a atriz Marília Pêra. Fiquei triste. Hoje, segunda, ótimas notícias. Amanhã assinaremos, com o delegado da Polícia Federal Márcio Anselmo, nossos depoimentos e os relatórios dos delegados. Após esse ato, seguem ao MPF na terça e em até 48 horas estarão com o juiz Sergio Moro. Mais ou menos até o dia 11/12 estarão na mão do juiz para serem homologados. De 14 a 17/12 deverá haver a posição do juiz. Eu creio que dia 15/12, terça-feira, teremos nossa homologação efetivada. Portanto esse será nosso último fim de semana na Superintendência da Polícia Federal de Curitiba. No próximo estaremos em nossas casas, com nossas famílias! Eu sei, Deus me prometeu. Amém, glória a Deus. A ele toda honra e glória. A notícia deixou todos felizes e aguardando a nossa volta para casa. Deus é maravilhoso!

9 de dezembro de 2015

É hora de seguir a vida! Lá fora a vida não parou, o mundo andou. Aqui também. Houve tempo para muitas provações, medo, saudade silenciosa, buscas sem respostas, dúvidas. Você superou! Aqui só sobressaem os fortes. São necessárias a sutileza e a delicadeza, não a força. Ouvir e se calar. Ver e não enxergar. Às vezes engolimos em seco o nosso orgulho e mal conseguimos sorrir. Aqui é um jogo de xadrez. Você aprendeu. Viveu. Superou. Lá fora não será diferente. Haverá novas montanhas em seu caminho. Mas você saberá escalar, pois se lembrará da sua superação. Troque as grades pelas pessoas. Cuidado! Muitas vezes as pessoas são piores do que essas grades que fecham você todos os dias, mas você vai se reinventar, vai conseguir. Sim, eu sei. E Ele também. Comemore. Mas jamais esqueça: Ele em primeiríssimo lugar!

11 de dezembro de 2015

Nosso Bruce Lee está famoso! Ele é o cara... "Ai, meu Deus, me dei mal. Se o japonês da Federal bater à sua porta, você vai ganhar uma viagem para Curitiba!". Fizeram uma marchinha. Está no YouTube. Sr. Newton está bombando. Famoso na mídia, ele tem um grupo de fãs – crianças e até pretendentes! Nada mal, sr. Newton. Parabéns. O senhor merece todo o reconhecimento, eu tive a oportunidade de conhecer! Já sabe, eu também quero uma *selfie*. Mas o senhor vestido de homem-bomba... Obrigada, sr. Newton, pelo respeito e humanidade com que me tratou e a todos os meus familiares.

23 de dezembro de 2015

Dias de tensão na galeria. Insulto ou indulto de Natal! Um preso não aceita as condições impostas pelo juiz. Surta. Coloca toda sua comida para fora da cela. Bem na frente. Faz o show da Maria Bethânia. Diz que fará greve de fome, não tomará seus remédios. E que fará um verdadeiro inferno. Acusa seus advogados de terem se juntado com o MPF, que vai para a imprensa falar sobre todas as sacanagens, sujeiras, bastidores, acordos com delegados, procuradores, de tudo o que não foi revelado e montado. Que ele colocará seus advogados na cadeia. E que vai matar o procurador, e o ministro, os agentes ficam em alerta! Eu só observo, pois sei que sua greve não dura mais do que três dias, como também sei que cachorro que late não morde.

Palavra: quando você faz um rebosteio desses, deve ir até o fim. Pois se grita, esperneia e não vai até o final, você não passa de um monte de merda. Que cheira, fede... Varre-se, limpa e dá descarga. Muito feio.

> Desrespeitou os agentes, especialmente o sr. Newton, e todos que diariamente estão conosco nos atendendo. Dentro do que é possível eles tornam nossos dias menos penosos.
> Desrespeitou a família.
> Desrespeitou os colegas de cela, pesando o ambiente num momento difícil para todos, afinal todos têm seus problemas pessoais!
> Enfim, no fundo um homem perdido, sozinho, vazio, sem conteúdo! Oco. Fiquei com pena da decadência do ser humano.

22 de janeiro de 2016

Quando me pediram para fazer um breve relato de no máximo dez folhas contando como foram meus últimos treze meses, pensei por onde começaria, quais fatos poderiam ser mais relevantes.

Há certas situações em que temos apenas três opções:

- Seguir morrendo, sendo enterrada viva a cada minuto.
- Rever, recriar, reinventar, renascer pelos mesmos caminhos e valores que um dia você teve e nunca se esquece.
- Seja qual for o tema, o essencial é ter humor, graça, escrever com seriedade, mas com risos. Estamos cansados, massacrados pelos noticiários!

Lava, lava... Desemprego, inflação, corrupção, impeachment, delação, delatores... Lava Dilma, Lava Jato daqui!

O pior índice do último mês, o pior desempenho da indústria, enchentes, tremores, tragédia em Mariana, propinas. Um juiz de 1ª instância faz história, os intocáveis viram celebridades, os delegados investem noites, dias, dias e noites. E, nos bastidores, o que de verdade acontece? Nos bastidores da carceragem da custódia da famosa Superintendência da PF em Curitiba? Em um espaço de poucos metros passaram e se encontram os maiores doleiros do Brasil. Depois, sobrou o petróleo... Choveu delatores. Pela custódia da PF de Curitiba passaram os maiores empreiteiros do Brasil, os maiores empresários, donos de fortunas do Brasil, presos comuns? Políticos, deputados, ex-deputados, tesoureiros de partidos, ex-ministro, amigos íntimos do presidente, diretores de um dos maiores tesouros negros do Brasil. Como foram os bastidores? Cama, mesa, banho, banho de sol. Marmitas de isopor... Hora para o banho, para falar com o seu defensor. Aniversários, Páscoa, Natal, Ano Novo, Carnaval. Alguns, com sorte, já saíram. Outros, só em delação. Outros transferidos. E eu? Bem, histórias à parte. Sou a única mulher presa na primeira fase da Operação Lava Jato, a única que foi removida para uma penitenciária estadual com 450 detentas, de todos os tipos, idades ou pretextos. Vivi e sobrevivi a tudo. Intensamente. Continuo presa!

Tudo começou sete meses antes da deflagração do longo dia de 17 de março de 2014. Eu sentia estar sendo monitorada, grampeada, filmada. Acordava suando à noite, tinha sonhos e vivi de fato um pesadelo! Pesadelo? Não! Surpresa! Uma experiência única! Sim, única, exclusiva, fui história, vivo a personagem e faço parte desse longa-metragem. Ah, se vocês soubessem! Jogo de xadrez. Vaidades! Retrocessos! Só quem vive sabe e pode reportar o passo a passo de cada personagem que tive em companhia. De alguns fui até vizinha; com outros fui proibida de falar. Uns chegaram rindo alto, prevalecendo suas vontades como se estivessem na sala de estar de sua casa ou da empresa!

Esse lado rico da Lava Roupa Suja ninguém publicou, só quem viveu sabe sobre os bastidores. O lado rico e único! O outro lado da história vivi nove meses no presídio – 450 detentas. Galerias A, B, C, D e E. Convivi com as meninas da galeria D... disciplina! Havia uma voz que comandava e impunha ordem, disciplina na galeria. Nada de bagunça e desrespeito. Depois de uma cirurgia, voltei do CMP, capítulo à parte. Até que um dia consegui a remoção para o coração da Lava Jato. Então, em 23/2/15, comecei uma nova luta para alcançar um período menor de pena. Hoje, 22/1/16, quase um ano depois, continuo aguardando a homologação da minha colaboração premiada. Estou há quase um ano com delegados, contando, indicando e, por fim, encontrando novas origens. Fui à CPI, cantei *Amada amante*... Porém apenas os bastidores sabem o que há dentro da corporação. O objetivo é o combate à corrupção? A lei é para todos? Nos bastidores, alguns são prioridades, sim. Nosso governo é frágil. Não há uma política firme, forte, objetiva. Por isso é a luz que sobe a inflação que aumenta, e não há um plano de austeridade para o nosso crescimento. Há, sim, uma gana enorme para se deflagrar novas operações, mais e mais prisões. Há um descompasso enorme entre bandidos e mocinhos. Há bandidos demais, e os mocinhos, rápidos demais. Vaidosos! A alta cúpula não consegue se unir e se firmar. O piloto sumiu! E eu aqui vendo a banda passar.

****

Diário da cadeia – volume V (11/2/2016 a 10/6/2016)

Carta escrita por Mônica Moura[25], anexada ao Diário da cadeia (3 de maio de 2016):

Querida Nelma, obrigada por ter me recebido tão bem, ter cuidado de mim com tanto carinho, mesmo sem me conhecer.

A vida é cheia de surpresas e às vezes, nos lugares e nas situações onde menos esperamos, encontramos amigos, acolhimento, solidariedade.

Vamos nos encontrar depois que passar todo esse pesadelo. Tomar um vinho e falar da vida.

Obrigada por tudo. Se cuide.

Um grande beijo.

Mônica Moura

P.S.: Agradeça muito à sua mãe e ao Gustavo pelas comidinhas maravilhosas esse tempo todo. E manda abraços pro Mario. Boa sorte, seja firme. Tudo na vida sempre vale a pena. Mesmo as piores experiências trazem coisas boas.

---

25 Nesse dia, Mônica Moura e seu marido, o publicitário João Santana, foram transferidos para o Complexo Médico Penal, na região metropolitana de Curitiba. (N. do E.)

> Querida Nelma, obrigada por ter me recebido tão bem, ter cuidado de mim com tanto carinho, mesmo sem me conhecer.
> A vida é cheia de surpresas e às vezes, nos lugares e nas situações onde menos esperamos, encontramos amigos, acolhimento, solidariedade.
> Vamos nos encontrar depois que passar todo este pesadelo. Tomar um vinho e falar da vida.
> Obrigada por tudo. Se cuide
> Um grande beijo.
>
> Mônica Moura
>
> * Agradeça muito a Sud Liê e ao Gustavo pelas comidinhas maravilhosas este tempo todo. E manda abraços pro Mário.
> Boa sorte, seja firme, tudo na vida sempre vale a pena, mesmo as piores experiências trazem coisas boas.

11 de junho de 2016 [26]

Saiu uma notinha na *Folha*, de Natuza Nery, no dia 9 de junho, dizendo que estou escrevendo um romance! O ambiente aqui na cela é leve, iluminado, não há tensão! Dormi como um bebê. Estou ótima. O término deste caderno de anotações não poderia acabar de melhor forma... Melhor que isso, só MINHA LIBERDADE!

Pedi ao agente que me deixasse entregar este caderno à minha família. Ele disse que iriam dar uma folheada. Então não permiti. Ficaria guardado comigo!

Este foi um dia mágico. Mais algumas semanas e estarei voltando para casa.

---

26 Dias depois, em 20 de junho de 2016, o juiz Sergio Moro assinou o acordo de colaboração premiada e Nelma deixou a carceragem da PF de Curitiba. (N. do E.)

Dois anos, três meses e onze dias depois, livre!?

Fui a primeira presa da Operação Lava Jato e a que mais tempo ficou atrás das grades. E mais: tive o pior acordo de colaboração. Não tive escolha, era aceitar ou aceitar as condições que se apresentaram. Aliás, essa é uma história curiosa, que em seu momento máximo chega a ser pitoresca. Quase um dramalhão mexicano. Vamos aos fatos.

Eu cheguei a firmar um acordo de colaboração com a Polícia Federal meses depois de ser presa, em 2014, ao preservar informações importantes para a continuidade da Operação Lava Jato. O acordo foi assinado por uma dezena de delegados. Mas, como a negociação não envolveu o MPF de Curitiba, gerou-se então uma briga e uma espécie de disputa por vaidade. Eu não tive os mesmos benefícios que outros delatores tiveram, coisa que mais tarde abordarei em outro capítulo, como acontecia normalmente com os outros presos.

Travou-se então uma conversa entre delegados da Polícia Federal e procuradores do Ministério Público Federal. No início, o juiz Sergio Moro disse que não era óbice a esse acordo, mas, ao final, ele mostrou-se muito radical e disse que não homologaria sem o parecer do Ministério Público Federal. Ele não queria se indispor com ninguém. Moro chegou a reforçar aos procuradores a importância de as colaborações serem aceitas pelo MPF, dizendo em despacho que eu já estava presa tempo demais e sendo prejudicada por uma burocracia. No fundo, tudo isso me cheirava um grande papo-furado. Já fazia dois anos, três meses e onze dias que eu estava no regime fechado. E só naquele momento se preocuparam comigo?

Enquanto meu acordo não era decidido, o juiz Moro me liberou. Eis que no dia 20 de junho de 2016 finalmente tomei a estrada rumo a São Paulo. Um detalhe: fui mandada para casa com uma tornozeleira eletrônica e deveria aguardar a decisão em prisão domiciliar até a minha homologação. Ou seja, mais um tempo presa dentro do meu próprio apartamento, não podia nem descer na área comum do meu condomínio. E foram nove meses nessa condição!

O acordo, inicialmente alinhado com a PF, seria mais vantajoso: eu ficaria com o direito de ter o meu apartamento e uma pequena parte – muito pequena mesmo! – de meu patrimônio. Viajei de Curitiba a São Paulo de carro. No caminho, um filme passava em minha mente. Lembrei-me da Nelma que pegou as malas logo após terminar a faculdade de Odontologia e se arriscou na Grande São Paulo nos anos 1990. Ao chegar à cidade, me deparei com uma capital amuada, sem brilho algum, puro concreto. Olhava todas as pessoas com rostos tristes, cansados e aquela euforia que existia no passado de um Brasil galopante, em rota de crescimento, não existia mais. Até mesmo aquela São Paulo de oportunidades... Placas de "aluga-se" e "vende-se" e lojas fechadas em cadeia. Perguntava-me: o que fizeram com este país? Como puderam realizar uma operação que praticamente quebrou a economia e gerou inúmeros desempregos? Criaram um Brasil sem perspectiva, sem rumo algum e castigaram um povo já cansado, com a promessa de um futuro praticamente desacreditado. Segundo levantamento realizado pelo Instituto de Estudos Estratégicos de Petróleo, Gás Natural e Biocombustíveis (Ineep)[27], a Operação Lava Jato produziu pelo menos três vezes mais prejuízos econômicos para o Brasil do que o valor desviado com a corrupção. Apenas no primeiro ano, estima-se que a Lava Jato retirou cerca de R$ 142,6 bilhões da economia brasileira, e até o fim de 2019 deverá ser a responsável por um impacto negativo de mais de três pontos percentuais do Produto Interno Bruto (PIB). E ainda há muita gente que joga em nossas costas o motivo dessa recessão sem

---

27 Ver em: http://g1.globo.com/economia/noticia/2015/08/impacto-da-lava-jato-no-pib-pode-passar-de-r-140-bilhoes-diz-estudo.html

fim em que o Brasil entrou e vai custar para sair. Volta e meia, é o que mais escrevem nas minhas redes sociais. Acusações em tom de agressão verbal e xingamentos ofensivos de que os outros presos da Lava Jato e eu simplesmente quebramos o Brasil! Como se isso fosse verdade...

Voltar ao meu apartamento era um dos sonhos mais distantes. Nem acreditei quando cheguei! Dias depois, já em casa, em conversa com minha família, discutimos a necessidade de contratar outro advogado para intermediar o acordo de colaboração. Fui atrás para descobrir quem da Lava Jato havia feito o melhor acerto com os procuradores do Ministério Público Federal. Cheguei ao nome de uma advogada, que elaborou um chamado "batom na cueca" de um preso e o fez assinar uma colaboração daquelas de boa. Fui atrás. Achei que ela seria a pessoa capacitada. Mas hoje eu posso dizer: foi um dos maiores erros que cometi. No início, ela se mostrou uma boa pessoa. Certamente acreditava que meu nome renderia bons clientes no futuro. Ou alguns milhões na sua conta. Essa advogada simplesmente não me ajudou a ter além do que já estava garantido na colaboração. Pior, me fez perder o pouco que eu poderia ter para recomeçar minha nova vida. Ela me induziu a fornecer um "batom na cueca" para concretizar o acordo. Colaborei oficiosamente por 16 meses nas várias conversas que tive com os delegados da Polícia Federal. Minha vida e a vida da minha família foram absolutamente devassadas.

Então, um dia, toca o telefone. Era um deputado do Ceará, que pedia a minha ajuda. Ele veio até o meu apartamento para explicar do que precisava. Ele queria que alguém de dentro da PF pudesse ajudá-lo e alguém de dentro da Receita Federal pudesse desbloquear R$ 6 milhões apreendidos por agentes federais na locadora de veículos de seu irmão, e que nenhuma prova fosse levada adiante. A história sobre essa apreensão teve grande repercussão na imprensa, sobretudo local[28]. Fui orientada pela minha advogada da época a gravar o encontro. O material foi anexado e levado ao procurador-geral da República, pois se tratava de um foro privilegiado. No encontro, minha advogada colocou como condição do meu acordo eu manter meu apartamento, 15 unidades de um hotel que havia comprado, além da liberação de um valor para

---

[28] Ver em: https://www.opovo.com.br/noticias/fortaleza/2016/09/pf-apreende-r-6-milhoes-em-especie-em-empresa-do-deputado-adail-carne.html

eu pagar todos os meus condomínios, IPTU e impostos atrasados. O procurador disse, então, que o material era mais do que suficiente para oficializar tudo. Eles entrariam em contato com o MPF do Paraná e tudo se resolveria. Naquela noite, minha família e eu comemoramos, aliviados. Eis que, mais uma vez, tudo não aconteceu conforme o previsto e o combinado verbalmente. Fio de bigode, imagine, isso não existe! Não me pergunte o porquê.

Sem nada em vista, minha advogada começou a me pressionar. Era dezembro de 2016. Ela disse que eu teria de abrir mão de todos os bens para ter, finalmente, minha colaboração oficializada. E que era condição *sine qua non* que eu entregasse esse anexo do deputado, mesmo embora isso não fosse utilizado para ser homologada minha colaboração. Estranho!

Na época, pesou muito para mim o fato de estar em liberdade e fiz uma pequena exigência: no mínimo, tentei reverter o desbloqueio dos bens de meus familiares, que eram alvo de ação fiscal da Receita Federal. A multa contra mim era pesada: R$ 78 milhões. O que me rendeu essa quantia foram os contratos que foram celebrados a US$ 5 milhões. Ou seja, a dívida de US$ 5 milhões – na época, cerca de R$ 18 milhões – tornou-se um montante de R$ 78 milhões. E eles queriam cobrar de quem não tinha nada a ver com a história. Nada feito. Na verdade, eu não tive escolha. Assinei o pior acordo de colaboração da Lava Jato.

Em janeiro de 2017, recebo um telefonema da advogada, toda alegre, dizendo que o juiz Sergio Moro havia marcado o dia para eu ir a Curitiba assinar a homologação. Nessa época, eu já estava no terceiro mês de uma depressão profunda. Uma depressão tão grande que minha mãe teve que me acompanhar até lá. Passamos o tempo todo de mãos dadas. Fomos de ônibus, porque não tínhamos dinheiro para a passagem de avião. Em março foi enfim homologado meu acordo. E veio uma surpresa. A advogada tinha me cobrado R$ 100 mil pelos honorários, se houvesse êxito, ou seja, caso eu ficasse com algum bem pelo acordo. Mas ela me enrolou. Disse que o êxito que ela havia conseguido foi pelo menos eu ter ficado com o meu apartamento pelos próximos cinco anos! Morando de graça, em um imóvel que era meu. Nossa, que espanto! Então, ela veio buscar o que achava de direito receber. Um dia ela desembarcou em casa, diretamente de Curitiba, com uma mala de viagens. Perguntei se iria viajar. Ela disse que não e afirmou que a mala tinha outra finalidade: buscar algumas coisas como parte do pagamento – "Vou dar uma olhada no seu closet e escolher algumas bolsas e casacos de grife, além de joias".

As olheiras como sinal de depressão de Nelma

Ela vergonhosamente escolheu algumas bolsas minhas da Chanel, para ela e sua cunhada, esposa do seu irmão e sócio, sempre pela metade ou um terço do valor de compra. Tenho tudo anotado. Ela levou duas peças de cor preta; uma bolsa branca; meia aliança de brilhante; um ponto de luz e um solitário de dois quilates. E foi assim que ela recebeu. Que cara de pau! Mas uma coisa é certa: hoje, ao menos, ela desfila com grifes pelos fóruns, mas classe mesmo é algo que ela nunca vai ter.

Além de criar desemprego e transformar arquitetos, dentistas, engenheiros e médicos em motoristas de aplicativos – sem nenhum preconceito contra a categoria –, a Lava Jato também criou advogados desse tipo. Bacharéis que se aproveitaram do desespero de clientes para poder colecionar bolsas, casacos de marca. Não se pode generalizar, é verdade, mas é uma prática do próprio capitalismo.

Tempos sombrios esses...

Minha entrevista para a *Veja*

No segundo dia em que eu estava no meu apartamento, ainda muito assustada, tocou meu interfone. Eu atendi e o porteiro disse que era um advogado. Eu achei aquilo muito estranho. Eram umas nove horas da noite. Pedi o telefone do advogado e liguei. Era um repórter da revista *Veja*. Ele me pediu uma entrevista. Eu neguei. Ele começou a me mandar partes dos anexos da minha colaboração. Eu achei aquilo muito estranho e pensava em como ele teria conseguido aquele documento, que deveria ser de conhecimento apenas dos meus advogados, da Polícia Federal e do Ministério Público Federal. Criou-se até um grande desconforto ético entre meus advogados e eu. Quem será que enviou os anexos que, até hoje, alguns estão sob sigilo?

O jornalista disse que, se eu não desse a entrevista, ele iria publicar partes da minha colaboração. Eu fiquei muito preocupada e acabei cedendo. Dei a entrevista. Ele disse que, como presente, me daria um book pelos meus 50 anos. As fotos foram feitas dentro do meu apartamento. Sim, fui ingênua. Mas, comigo, o acerto na palavra sempre valeu mais do que qualquer rubrica. Hoje, tenho certeza de que essas fotos me custaram o meu único bem que pela lei jamais poderiam tirar: minha moradia! O procurador do Ministério Público Federal disse que eu estava debochando, porém eu só dei a entrevista em razão de uma situação que me foi imposta. Como documentos sigilosos foram parar nas mãos de um jornalista? Hoje a gente vê que realmente eles faziam isso. Eles deixavam vazar os anexos para a imprensa poder usar, como foi o caso do telefonema da então presidente Dilma Rousseff com o ex-presidente Lula. Foi um pelo em ovo que o procurador encontrou para me penalizar mais uma vez, dizendo que eu não tinha respeito algum com a Justiça, por provocar logo após ganhar a liberdade. Ou algo que já estava de acordo com a imprensa. Sabe-se lá... A entrevista[29] não trouxe nada demais. Somente perguntas óbvias. Com respostas que eu também transcrevo a seguir.

A senhora imaginou que um dia seria presa?
Sim. Sempre pensava que podia sair de casa e não voltar mais, pelo risco de ser presa ou assassinada. Vivia na sombra. Quando conhecia alguém, não podia dizer o que eu fazia. Por isso, acabava me relacionando só com quem era do ramo. Usava pseudônimos: era Maria Eugênia, Greta Garbo, Angelina Jolie, Cameron Diaz... Saí de casa para pegar um avião rumo à Itália há dois anos, fui presa em flagrante e só voltei para casa há três semanas.

A senhora namorou três doleiros. Foi o amor que a arrastou para o crime?
Não. O amor é uma coisa boa. Não posso dizer que algo tão bonito leve alguém para trás das grades. Fui presa porque sou uma criminosa.

Logo que começou a namorar o doleiro Alberto Youssef, a senhora intensificou suas atividades. Ele tem responsabilidade pela sua situação atual?
De fato, quando o conheci, prosperei no crime, mas já estava nele. A minha paixão era uma coisa à parte e me fez perder a noção. Mas não posso pôr a culpa só nele porque eu não agia com uma arma apontada para a minha cabeça.

Na sua sentença, o juiz Sergio Moro escreveu que a senhora tem a "personalidade voltada para o crime". Isso é verdade?
Sim. Mas um desembargador disse em outro despacho que ninguém pode ser condenado pela personalidade.

Por que a senhora diz que chega a ter saudade da cadeia?
Porque lá dentro todo mundo é igual. Não importa se você é empresário, empreiteiro, deputado, tesoureiro, homicida, lobista, traficante. Por isso usamos uniforme. Aqui fora somos diferentes.

---

29 Ver a reportagem em: https://veja.abril.com.br/brasil/nelma-kodama-a-tornozeleira-eletronica-me-da-alergia/

A Justiça deve tomar tudo o que é seu. Tem medo da queda no padrão de vida?
Que padrão? Na cadeia, eu dormia numa cama de alvenaria, em uma cela menor do que o meu closet. Vou recomeçar minha vida do zero.

Se conseguisse voltar no tempo, o que faria de diferente?
Não me envolveria com o Alberto Youssef. Fui cega de paixão por ele.

O Ministério Público sugeriu que a senhora fosse condenada a 47 anos de cadeia, mas a Justiça lhe deu uma sentença só de 12 anos. Acha a sua pena justa?
Eu acho que foi justa, sim, porque eu cometi crimes e estou pagando por eles. Fiquei mais de dois anos no regime fechado e agora estou presa em casa sem nada. Estou pagando por tudo que eu fiz. Nada mais justo.

Apesar disso, ainda responde a 15 inquéritos. Tem medo de voltar para a cadeia?
Eu só teria medo de voltar para a cadeia se cometesse um novo crime. Como eu não vou fazer isso, não tenho esse receio. Vou restabelecer a minha vida com a ajuda de Deus.

A tornozeleira incomoda?
Incomoda porque eu não posso tirar. Também me deu alergia e fico com a perna coçando. Mas não posso reclamar. Melhor estar com ela aqui em casa do que sem ela e na prisão.

Vai voltar a cometer crimes?
Não. Vou recomeçar a minha vida de outra forma. Só não sei como porque tudo é muito recente. Acabei de sair da cadeia. A ficha ainda não caiu. Vivo um dia de cada vez. Só sei que não vou voltar ao crime porque não quero prejudicar ninguém, nem magoar ainda mais a minha família.

Qual a maior lição que tirou da cadeia?
Saí da cadeia uma pessoa melhor do que entrei. Todo dia eu aprendia coisas novas, como limpar um chão, um banheiro. Hoje, faço uma faxina como ninguém.

Como encara a sua condenação do ponto de vista espiritual?
Deus me deu o livre-arbítrio, e eu me desviei para o mundo do crime. Ele viu tudo lá do alto e disse: "Para, Nelma!". Mas eu não parei. Aí Ele disse: "Ah, é? Vou te guardar dentro da cadeia para você ficar sem contato com a vida aqui fora". Foi o que aconteceu. Na cadeia, eu morava dentro de um banheiro, numa cela de três por dois metros quadrados. O vaso sanitário fica ao lado da cama.

Logo que chegou à cadeia, a senhora reclamou da comida. Conseguiu se adaptar ao bife com arroz e feijão?
Demorei a me adaptar não à comida, mas ao fato de não poder mais escolher o que comer. Com o tempo, passei a aceitar. Na cadeia, se o preso não comer o que é servido, ele morre de fome.

Assim que saiu da cadeia, qual foi a primeira coisa que a senhora fez?
Na prisão, quando eu tomava banho de sol, tentava olhar o céu pela grade do teto. Mas a imagem era sempre quadrada. Quando eu saí, a primeira coisa que fiz foi olhar para o alto para ver o firmamento completo, com sol e horizonte. À noite, vi a lua e as estrelas pela primeira vez em dois anos.

A senhora está fora da cadeia, mas tem uma dívida de 15 milhões de reais. Está conseguindo dormir?
Estou desesperada. Nem sei como vou pagar as minhas dívidas. É muito ruim dever, seja 15 milhões ou 5 reais. Se eu tivesse essa dívida na época que mexia com dólar, pagaria rápido. Mas não posso mais operar com câmbio.

Em sua delação, a senhora entrega gente criminosa envolvida até com tráfico de drogas. Não tem medo de ser assassinada?
Se eu morrer assassinada, não terei tempo para ter medo. Aliás, a gente pode morrer a qualquer momento. Basta estar vivo para isso. Posso morrer atravessando a rua ou de ataque cardíaco.

Um médico de Curitiba diz que a senhora deve 60.000 reais a ele. O seu ex-advogado lhe cobra 1 milhão em honorários. Como vai pagar?
Não tenho dinheiro nem para comprar um pão na padaria. Mas, se eu devo, vou ter de pagar. Basta provar que tenho a dívida. Queria que as pessoas entendessem que minha vida financeira está zerada, ou melhor, negativa. Sou devedora, mas vou pagar tudo. Prometo.

Como a senhora conseguiu esconder 200.000 euros na calcinha?
Não sei de onde inventaram isso. Acho que foi algum jornalista criativo. Duzentos mil euros divididos em dois pacotinhos fazem um volume bem pequeno. Eles estavam guardados nos bolsos detrás da minha calça. Sem falar que pôr dinheiro nas partes íntimas não é legal. É anti-higiênico e nada sensual.

Um certo grupo de WhatsApp

Faculdade de Odontologia de Lins. No quarto semestre de faculdade descobri que definitivamente nunca iria exercer a profissão. A primeira dentadura que fiz simplesmente foi um desastre. Assim que coloquei a "dentosa" na paciente, meu Deus! Enquanto a pobre coitada não se cabia de felicidade, eu quase morria de nervoso porque a mulher parecia que havia engolido um buldogue! Eu, mais que depressa, arrastei a paciente para o consultório de minha mãe e pedi que ela fizesse um belo par de dentaduras. Porque eu não podia deixar a senhora ficar daquele jeito.

Na minha turma, éramos 80 alunos. Alguns não foram até o final. A sala era bem rachada. Havia uma galera que fumava um baseado doido! No dia do plantio da árvore, cerimônia de nossa formatura, plantaram também umas sementinhas de marijuana. Só rindo... Os poucos amigos que fiz eram maravilhosos. Outros, um bando de chatos! Com a chegada do Facebook, criei um grupo da turma e ali marcávamos nossos encontros anuais. Além disso, compartilhávamos notícias uns dos outros! Eu dizia que, se nos encontrássemos uma vez por ano, então iríamos nos ver no máximo mais 20, 25 vezes, em 25 anos! Muito pouco para quem passava quase que o período integral durante quatro anos seguidos em uma intensa convivência.

Quando deixei a Superintendência da Polícia Federal, em Curitiba, uma amiga da faculdade me procurou logo após a entrevista da *Veja*. Foi muito carinhosa e solidária. Uma querida. Quando eu perguntei por todos, uma grande surpresa. Havia um grupo no WhatsApp e eles não

Os formandos da Faculdade de Odontologia de Lins na turma de Nelma

permitiram me adicionar. Sim! Consideraram-me uma bandida, inimiga da nação. Achei aquilo surreal. Ela tentou interferir. Então, em uma bela manhã, quando acordei, vi que meu nome tinha sido adicionado. *Well...* Mandei a todos um "Olá!". Depois chegou o primeiro torpedo. Uma colega escreveu que havia muitas perguntas e questões que eles queriam saber e perguntar. No mesmo momento, pensei: "Que babaca caída do trem. Quem lhe dá o direito de invadir a minha privacidade?". Mas deixei rolar. Foi quando ela, então, se pronunciou e escreveu que ficou com ódio de mim, pois na época ela estava terminando uma clínica. Veio a crise e, por minha causa, tudo parou. E que eu merecia estar presa. Minha nossa! Não pude acreditar no que estava lendo e sendo exposto a todos ali. Afinal, o que eu tinha a ver com a crise? Ou será que ela, por má gestão, incapacidade ou sei lá por que não fechou antes mesmo de abrir? Enfim... Com tato e delicadeza, prolonguei a conversa. E perguntei se durante a obra, com a abertura da empresa e obtenção de licenças, ela teve alguma dificuldade ou atraso, burocracias que são comuns a qualquer início de negócio. "Sim", ela me respondeu. E não se preocupou em medir as palavras: "Tive que dar uma gorjeta para o cara da prefeitura para que as coisas fossem mais rápidas!". Bingo! Corrupção ativa e passiva, não é? Tratei de sair correndo desse grupo horroroso e cuidar da minha vida. E é isso. As pessoas não sabem o que dizem. Não sabem votar. Não sabem escolher. E o erro é meu, é nosso? Falta de cultura ou educação distorcida mesmo?

A verdade de nossas relações

Posso dizer que não conhecia o verdadeiro significado da palavra "amizade", até ser presa na Lava Jato. Hoje eu me pergunto: quem eram meus amigos antes de ser presa? Na verdade, eu nunca tive amigos, sempre vivi muito isolada, discreta, porque na profissão que eu tinha não dava para ter confidências, e sobretudo paguei um alto preço por isso. Os meus funcionários se tornaram os meus amigos. E isso foi muito bacana. Posso citar alguns: a Conceição, minha faz-tudo há mais de duas décadas; a Chica, que está com nossa família há 35 anos. Tem o Luciano, meu cabeleireiro, que está comigo desde o ano 2000. Quando ganhei a liberdade, fiquei sabendo que eles tentaram me visitar em Curitiba, mas foram proibidos de entrar. Coisa que algumas pessoas mais próximas, pessoas da minha família, jamais enviaram uma carta. Que hipócritas...

****

A privação do cárcere mexe muito com a gente, sobretudo quando o pouco é quase tudo em nossas vidas. Sempre gostei de exaltar a importância dessas pessoas em minha vida. Em uma Páscoa, reuni essas pessoas para um amigo secreto de ovo de chocolate. Fui muito séria na hora do sorteio: pedi que ninguém comentasse, pois ficaria brava. Coloquei o meu nome em todos os papéis. Na hora da entrega, todos haviam me tirado. Claro que tudo não passou de uma brincadeira. Eu tinha comprado presentes incríveis para todos eles. Era o meu jeito de reconhecer o valor de cada um. Dos meus funcionários, sempre exigi que os filhos tivessem estudo e que fizessem um curso em paralelo, como de idiomas, música etc. Eu sempre fiz questão de pagar esses custos, além do salário. Fazia questão de que eles desenvolvessem alguma habilidade além da formação básica.

Hoje eu vejo, orgulhosa, os filhos de ex-funcionários em carreiras brilhantes. E por que eu digo isso? Porque uma de minhas condenações máximas foi por corrupção ativa e passiva, em razão de uma ajuda a um ex-gerente de banco onde eu tinha as contas de minha empresa. Quando eu abri a minha conta pessoal, fiquei amiga desse funcionário. Um dia, em conversa, senti a voz preocupada do gerente. Perguntei o que havia acontecido. Ele estava se separando e com dificuldade em pagar os estudos dos filhos. Comentou que iria trocá-los de escola porque não tinha dinheiro. Aquilo mexeu comigo, com os valores nos quais acredito. Assumi o compromisso de pagar as mensalidades. Pois essa conversa foi interceptada pela Polícia Federal, que usou tudo isso para uma condenação: "estar corrompendo um agente, para desviar propinas". A vida desse funcionário também se tornou um inferno. Ele foi dispensado do banco e, até hoje, sou proibida de qualquer contato com ele. Pasmem, o valor era de R$ 2 mil mensais. Sim, R$ 2 mil. Não foi nenhum cargo que eu prometi ao agente público, caso eu pudesse ser presidente do Brasil algum dia.

Sou uma mulher simples, cheia de afetos. No meu prédio, sempre fui muito carinhosa com os porteiros, com o pessoal da limpeza e da segurança. E quando fui solta, obviamente não poderia ser diferente: eles me receberam com muito carinho, me visitaram em meu apartamento, levaram pequenos mimos, como caixa de bombons e até flores. Sempre fui uma pessoa que, independentemente de classe social, sempre valorizei o outro. Gosto de cumprimentar e chamar as pessoas pelo nome. Eu acho que isso é respeito e falta muito nos outros.

Quando a gente sai da cadeia, temos apenas o que restou de nossa dignidade. É muito difícil recomeçar sem dinheiro, desorientada, preocupada com o futuro que se apresenta. Sem saber, de fato, como serão os próximos tempos. E foram essas pessoas que me acolheram. Foi o momento de separar bem o joio do trigo e ver quem importava e quem continuaria na jornada comigo. Hoje, posso afirmar com certeza que esse balanço foi pra lá de positivo. Fui acariciada com a gratidão de pessoas incríveis, que vinham me agradecer em sua simplicidade. Eu não sei se as pessoas enxergam em mim uma pessoa boa, uma mulher de alma boa. O fato é que essas pessoas que eu escolhi me enxergam como verdadeiramente eu sou.

A Lava Jato ganha a ficção

A Lava Jato movimentou o país e o mercado cinematográfico e editorial. Autores e cineastas pegaram onda na operação para ganhar visibilidade. Sobre as séries, livros e filmes produzidos, só tenho a dizer que tudo é de muito mau gosto. Dá para notar que fizeram apenas um lado da história. Um único lado heroico! Pura hipocrisia. Como será agora a nova ou a continuação da série *O Mecanismo*, com os diálogos vazados pelo site *The Intercept*? Até o sr. Padilha já veio a público se manifestar, em longo artigo publicado na *Folha de S.Paulo*, dizendo que se enganou em relação ao superjuiz Sergio Moro: "O leitor sabe que sempre apoiei a Operação Lava Jato e que chamei Sergio Moro de 'samurai ronin', numa alusão à independência política que, acreditava eu, balizava a sua conduta. Pois bem, quero reconhecer o erro que cometi"[30].

Padilha, você também podia pedir desculpas para mim? Para a minha família? E para os demais? Eu poderia ser sua filha, sua irmã! Quem sabe!? O mundo é pequeno.

Colocaram-me como cafetina também no cinema. Fiquei sabendo porque algumas pessoas comentaram comigo sobre o filme *Polícia Federal: a lei é para todos*. Eu, confesso, não assisti! Mesmo embora o produtor Tomislav Blazic tenha me convidado para a noite de estreia. Eu não iria fazer parte desse espetáculo sórdido com tapete vermelho e pipoca! Usaram os bastidores e o cenário da própria Superintendência da Polícia Federal mostrando quase tudo, facilitando até um ataque nas celas dos presos da Lava Jato. Que loucura!

---

30 Ver em: https://www1.folha.uol.com.br/opiniao/2019/04/o-ministro-antifalcone.shtml

Só mesmo aqui neste país um acordo de colaboração pode ser tratado de maneira tão desrespeitosa, e o pior: aplaudido pela Justiça. Pela Lei nº 12.850, de 2 de agosto de 2013, um dos requisitos para se obter o acordo de colaboração premiada é que os nossos nomes sejam preservados, em nome da nossa segurança. E em tão pouco tempo liberaram a produção de um filme que se utiliza dos nossos nomes verdadeiros. Isso é o cúmulo da falta de noção de justiça. E tudo apreciado pelo juiz Sergio Moro e pelo procurador Deltan Dallagnol, que fizeram questão de pisar no tapete vermelho na noite de estreia, como se fosse a entrega do Oscar[31]. A presença deles foi repercutida pela imprensa.

Mais uma vez, prova-se que a Lava Jato foi uma operação midiática. Quando a gente assiste a outras séries internacionais, sempre vê os dois lados. Até nisso é diferente! O filme conta a história da Lava Jato apenas pelo ponto de vista da Polícia Federal. Obviamente se esqueceram de tratar de pontos controversos da operação, que revelam mais abusos do que inteligência por parte dos agentes federais. Quem será que colaborou financeiramente para a realização desse filme? Vale dizer que custou R$ 16 milhões e foi financiado por empresários que não tiveram suas identidades divulgadas.

Mas, sinceramente, eu não me importo. E não dou a mínima pelo fato de terem colocado algumas cenas ou comentários meus em tudo isso. Porque eu sei, e como sei, a verdadeira história.

---

[31] Ver em: https://www1.folha.uol.com.br/poder/2017/08/1913881-pre-estreia-de-filme-da-lava-jato-tem-tapete-vermelho-para-moro.shtml

Uma mulher de polêmicas e de opinião

Uma vez imperatriz, sempre imperatriz. Qualquer movimentação e o meu nome volta às manchetes dos noticiários. No dia 13 de setembro de 2017, ao sair da 12ª Vara Federal, em Curitiba, registrei o vídeo de uma situação no mínimo curiosa. Eu tinha ido para resolver um problema com a minha tornozeleira, que havia parado de funcionar. Foi no mesmo dia em que o presidente Lula foi depor na Justiça Federal com o juiz Sergio Moro.

Ao chamar um Uber para seguir até o aeroporto, me deparei com um velho amigo dirigindo o carro. Seu nome é José Luiz Boldrini, nada mais nada menos que um ex-funcionário de Alberto Youssef. Boldrini chegou a ser condenado por Moro pelo envolvimento no roubo bilionário ao Banestado, no final da década de 1990. Ele me reconheceu e decidi fazer uma entrevista com ele. Tudo pra mim, naquela época, era uma grande descoberta, inclusive o telefone celular. Vivia filmando, sem comprometimento. E os vídeos tinham um monte de visualizações e *likes*. Bastava postar. Durante o percurso, troquei o maior papo com o Boldrini.

– Oi, gente. Que mundo pequeno é esse, né? Eu estou aqui indo para o aeroporto junto com o meu amigo...

– Boldrini.

– Ô, seu Boldrini, o senhor conheceu Alberto Youssef?

– Muito. Muito amigo meu.

– Quando o senhor trabalhou com ele?

– Trabalhei no Banestado e aí a gente fez trabalho junto, e também trabalhei com ele na empresa dele, da Vox Telecom.
– Ah, da Vox Telecom, logo quando ele saiu... Então, o senhor conheceu o J*...
– Claro, J*. Ele tá vivo ainda?
– Aquele cara foi bom ou foi ruim?
– Mais ou menos.
– E o senhor conheceu a tal da mulher que cantou a música lá?
– Sim, está aqui do meu lado.
– (risos) Gente, esse mundo é muito pequeno. Então, o que é que o senhor acha dessa tal de Lava Jato, o senhor pode falar pra gente?
– Ah, eu acho assim: doleiro não tem culpa de nada. Doleiro só fez o transporte do negócio. Agora, quem roubou, quem fez a malandragem foram os políticos. Esses aí é que têm que se ferrar.
– Ah, é? Você quer mandar um recado para o Alberto Youssef?
– Fala, Betão. Como é que você está, meu amigo? Tudo bem com você? Cuida do coração, hein, cara!
– Cuida do coração! E você acha que ele deve voltar com a musa da *Amada amante*, ele deve voltar com a mulher ou o senhor acha que ele deve voltar com a moça da *Playboy*?
– Mulher da *Playboy*?
– Ué, não foi aquela lá que saiu na *Playboy*, gente? Na *Playboy*. Mas agora o senhor vai falar pra mim: de todas, qual é a mais bonita?
– Ah, ela está aqui do meu lado.
– É?
– Parabéns, Beto. Você fez uma boa escolha.
– É, né? Então o senhor manda o recado que ele vai ver o vídeo do senhor.
– Betão, me procura, cara. A hora que você estiver aqui, eu não sei se você pode vir aqui pra Curitiba. Me dá uma ligada.
– E o senhor pode dar o telefone para ele ligar?
– (...)
– Então tá bom, gente. O mundo é pequeno mesmo. Com vocês, mais uma de Nelma Kodama, indo para o aeroporto. Tentando descolar uns pontos da Azul para embarcar para São Paulo. Tchau!

Pronto. A conversa foi o que eu precisava, mais uma vez, para meu nome se envolver em uma nova polêmica. A reportagem[32] acabou como uma das mais lidas do site da revista *Veja*. E fiquei como a mulher do deboche. Eles aproveitaram ainda diversos vídeos que havia gravado pelas ruas, brincando da minha condição de presa do semiaberto. Tudo não passava de gozação, era só para preencher o tempo. Sempre com um fundinho de verdade, não é mesmo? Quem sabe eu não deveria seguir nesse caminho, de uma influenciadora digital?! Alguém topa me patrocinar?

Em julho de 2019, fiz uma nova postagem no meu Instagram de uma fotografia com a tornozeleira e um sapato Chanel vermelho. Não poderia ser diferente. A ideia surgiu após conversa com o editor deste livro, que pretendia usar a imagem para a capa, como de fato aconteceu. A Internet caiu matando e os jornalistas aproveitaram para repercutir o assunto. "Rainha do deboche", escreveu um internauta; "Só em terras tupiniquins mesmo, piada", comentou outro. A patrulha tirou a graça das coisas. Não se pode ter humor com mais nada.

---

32 Ver em: https://veja.abril.com.br/politica/condenada-pela-lava-jato-doleira-debocha-nas-redes-sociais/

A questão das joias

Quem deixa a prisão, sem dúvida tem muito a comemorar ao retomar a liberdade. O gosto de poder caminhar livremente pelas ruas e sentir o vento bater no rosto é uma sensação que se torna indescritível para quem passa um tempo no cárcere. Mas quando ganhamos o direito de ir e vir, é preciso estar pronto para enfrentar sobretudo os preconceitos, os estigmas, as amarras que o próprio sistema impõe sobre nós. Foi assim comigo, é assim com tantos outros e assim permanecerá enquanto este país não for redescoberto.

Qualquer assunto que envolvesse o meu nome, sempre trazia um lado negativo. Incrivelmente. No final de janeiro de 2018, fui investigada por supostamente receptar joias roubadas. O assunto ganhou a Internet e foi reportagem do programa *Fantástico*, da TV Globo. Precisei dar entrevista ao repórter Valmir Salaro para colocar um ponto final na história. Mas o que aconteceu? Vou explicar.

Publiquei em meu Instagram uma foto com um par de brincos e anel de rubi. Segundo o Departamento Estadual de Investigações Criminais (Deic), uma moradora do Morumbi, bairro nobre de São Paulo, disse que as peças foram levadas num assalto à sua casa. As joias me foram oferecidas por um comerciante. Quando ele me ofereceu as joias, eu quis saber o valor e procurei outra pessoa, um vendedor especializado de Cuiabá. Comentei que estavam pedindo R$ 30 mil reais e questionei se o valor era esse mesmo. Na intenção de intermediar alguma negociação, fiz as fotos para que ele tivesse a dimensão das peças. O vendedor repassou as fotos para diversas pessoas, e possivelmente esses registros tenham ido parar, inclusive, no celular da mulher que era a dona das joias.

Por causa dessas fotos e desse mal-entendido, um dia estou na rua e recebo uma ligação da minha faz-tudo Conceição, dizendo que a polícia estava no apartamento revirando meus armários, com um mandado de busca e apreensão. Claro que não iriam encontrar nada. Eu não receptei nada. Eu simplesmente recebi, vi, olhei e devolvi. Qual é o crime?

Sobre os meus bens

Em um sábado de julho de 2019, quando eu estava nos últimos ajustes da redação deste livro, recebi a visita de uma amiga querida. Ela estava apreensiva quanto à publicação desta obra, com medo de que eu pudesse receber algum processo. Eu fui bem natural na minha resposta: "Qualquer um que me processe por conta disso vai me tirar o quê? Dinheiro? Antes de me processar e eu pagar por isso, eu tenho uma dívida impagável com a Receita Federal. Em segundo lugar, vai me tirar o quê? Bens? Eu não tenho mais nada a perder". Essa foi a minha resposta. Quando você não tem nada a perder, você não tem nada a temer! E isso não está relacionado diretamente a bens, ao que você tem, mas ao seu bem mais precioso: você mesmo! As coisas vão. A sua essência permanece. Seu caráter e sua postura ninguém tira de você!

Aqui em São Paulo eu morei em seis lugares diferentes. Seis apartamentos, dos quais os três últimos eram de minha propriedade. Conforme eu ia tendo a minha conquista financeira, fui vendendo e comprando um imóvel maior. Uma de minhas realizações foi adquirir as coisas de que eu gostava. Eu sempre tive paixão por arte. Ao longo dessa minha trajetória, eu comprei quadros de alguns pintores contemporâneos e outros famosos. E foi a primeira coisa que a Lava Jato confiscou. Eu já citei no começo deste livro que uma das cenas mais marcantes que eu guardo ao chegar à Superintendência da PF, em Curitiba, foi ver as minhas telas no chão, embrulhadas em plástico bolha, de uma maneira bem largada. Para mim ficou evidente que os agentes tomavam e transportavam de qualquer jeito. E aquilo me chocou, porque eu sempre tive uma relação intensa com a arte, uma relação de carinho mesmo. Quando eu fiquei sabendo que as telas iriam para o Museu Oscar Niemeyer, em Curitiba mesmo, tive certo conforto. Era sinal de que as obras estariam em mãos profissionais. Elas teriam o tratamento e o cuidado de quando estavam nas paredes de minha casa. Fiquei feliz também porque a arte deve ser dividida, compartilhada. Ela não deve ficar isolada, em uma parede, num sentimento egoísta, para uma pessoa só apreciar. Então, de verdade, as minhas telas não têm um preço financeiro, mas sim um valor sentimental. Cada tela tinha um significado para mim. Era a definição de cada momento que eu vivia na hora da compra. Eu nunca adquiri alguma coisa apenas pelo simples ato de ter, mas sim por uma necessidade.

Quando o Porsche branco foi a leilão, eu não me preocupei com o carro. Era apenas para me levar de um lugar a outro. Só fiquei com pena de vê-lo todo empoeirado na reportagem do *Jornal Nacional*. Deve ter ficado abandonado enquanto eles não decidiam o que iriam fazer.

Nessa trajetória profissional eu também investi no ramo imobiliário. Com outros investidores, eu comprei alguns quartos de um hotel na zona oeste de São Paulo. Ali, cada tijolo erguido tem o meu trabalho. Quando eu estava voltando de Curitiba, a primeira coisa que eu vi foi o hotel. E mexeu comigo. E me fez viajar no tempo. Da Marginal Pinheiros (zona oeste de São Paulo) eu vi as luzes acesas e fiquei pensando: "Puxa vida, quanto trabalho. E eu estou voltando para essa cidade para recomeçar de novo". E quando os 38 apartamentos foram a leilão, em dezembro de 2017, a mando da Justiça Federal, eu fiquei muito sensibilizada porque eu gostaria de ter a oportunidade de recomprá-los. Mas só uma unidade foi vendida, para um comprador de Brasília.

Pensando em tudo isso, por que só o meu dinheiro, desde o início de minha trajetória profissional, foi fruto de corrupção ou da chamada prática ilícita? Isso pra mim se chama perseguição.

Quando os agentes fizeram busca e apreensão no meu apartamento, minha empregada disse que até as gavetas da geladeira foram quebradas;

meu guarda-roupa foi forçado brutalmente; minha adega quase foi detonada porque eles achavam que tinha um fundo falso. Mas eu tenho certeza de que eles foram a casas muito maiores que a minha, muito mais luxuosas. Fizeram isso?

O ministro Moro

O tempo e suas reflexões. Quem diria que o juiz federal que comandou a Operação Lava Jato chegaria ao comando de um ministério? Quando Jair Bolsonaro venceu as eleições, eu não tinha dúvidas de que Sergio Moro galgaria voos mais altos. Com o PT em descrédito, e com sua figura máxima na cadeia, a Lava Jato começou a perder sua importância, apesar de suas novas fases, e cair no esquecimento, como tudo neste país. No final de 2018, fui procurada pelos inúmeros órgãos de imprensa para falar sobre a chegada do juiz Sergio Moro ao Ministério da Justiça. Fiz um comentário direto e preciso:

"Desejo a ele boa sorte, que consiga, de fato, prender os corruptos que saquearam os cofres públicos. Só lembrando que a política é muito complicada e diferente da magistratura".

Era uma opinião simples, porém verdadeira. Política e magistratura são mesmo duas coisas bem diferentes. Por mais que o Moro tenha pretensões reais para o Brasil, suas ações vão esbarrar sempre nos interesses políticos, que, infelizmente, estão acima de tudo.

Política, aliás, que já permeava inclusive as decisões da Lava Jato, como já declarei nos capítulos anteriores. A Superintendência da Polícia Federal arquitetava cada passo que a operação teria. As manipulações rolavam. Os vazamentos da Vaza Jato, feitos pelo *The Intercept Brasil*, estão revelando o lado B da República Única de Curitiba. Ainda é muito cedo para saber até onde vão esses desdobramentos, qual o destino final de tudo isso. Mas os primeiros capítulos desse enredo beiram o realismo fantástico. E só vêm confirmar o que a gente sempre soube nos corredores da PF: o objetivo dessa operação passou longe de querer limpar o Brasil da corrupção.

A Polícia Federal e os grampos ilegais

Em uma manhã de julho de 2019, logo que acordei, vários jornalistas queridos enviaram mensagens no meu WhatsApp sobre a notícia de que presos da Lava Jato foram grampeados ilegalmente. Uma análise feita pela Polícia Federal apontou que uma escuta instalada em uma cela gravou irregularmente 260 horas, ou melhor, 11 dias de conversas na República de Curitiba.

A notícia foi publicada pelo jornal *Folha de S.Paulo*[33], que teve acesso ao relatório de uma sindicância interna realizada pela PF. E é claro que estou entre as vítimas de grampo... Quer dizer, também fomos monitorados no próprio cárcere, em escutas que revelam como agiam os agentes federais. Afinal, o que eles queriam com isso? Segundo a *Folha*, o relatório final chegou à conclusão de que não há diálogos relevantes que pudessem ser usados contra nós. Uma das gravações teria comentários meus sobre os itens apreendidos em meu apartamento, como pinturas, canetas, bebidas.

Sabe-se que por trás desse mecanismo estava uma disputa entre a antiga cúpula da Lava Jato na PF de Curitiba, que hoje estrela o alto escalão da PF no Ministério do superministro Moro. Um dos delegados – e meu principal algoz – abriu uma sindicância na época, mas disse que o aparelho não estava funcionando. Teria sido uma escuta legal de anos antes, para investigar o traficante Fernandinho Beira-Mar, que chegou

---

33 Ver a reportagem em: https://www1.folha.uol.com.br/poder/2019/07/presos-da-lava-jato-foram-grampeados-ilegalmente-diz-analise-da-policia-federal.shtml

a ficar preso na Superintendência. O curioso: o tal delegado conclui sem ouvir formalmente o agente responsável por instalar a escuta e, principalmente, sem encaminhar o equipamento para uma perícia. Ou seja, ele simplesmente concluiu o que quis e como quis. Ao ser ouvido, o tal funcionário desmentiu o delegado. Confirmou ter instalado o equipamento para "bisbilhotar" os presos da Lava Jato e também que a ordem veio dos delegados da operação. O delegado X-9 dessa história se tornou uma figura *non grata* nos bastidores. Foi perseguido e considerado "inimigo" pela República de Curitiba e chegou a responder a inquéritos disciplinares na instituição.

Se a verdade não existe até mesmo nas instituições que deveriam conduzi-la, o que esperar do resto? Afinal, a lei é mesmo para todos?

Me chama que eu vou

Últimos dias de julho de 2019. Organizei um pequeno jantar em minha casa, justamente para uma amiga que estava se despedindo do Brasil. Mais uma brasileira que já não vê mais futuro nesta terra que um dia foi de oportunidades. Minha amiga vai recomeçar sua trajetória com a família, aos 50 anos, bem longe daqui: em Portugal. Torço muito para que sua vida seja feliz e novos caminhos surjam para ela. Estávamos na sobremesa, quando recebo uma mensagem de minha advogada. Uma notícia que jamais poderia esperar naquele momento. Havia saído o meu indulto, concedido pelo Ministério Público Federal. Na hora eu dei um grito, que certamente ecoou por todo o bairro. O mundo ouviu. Um grito que estava entalado dentro de mim havia seis anos. Meu grito de liberdade, meu grito de gratidão. A Deus, em primeiro lugar. Como Ele é maravilhoso. Foi Deus e a minha fé que me sustentaram. Foi Deus que cuidou de mim, da minha família, da minha mãe, do meu irmão.

Quando eu olho para trás, vejo que tudo valeu a pena. É engraçada aquela frase de incentivo, nos momentos mais difíceis da vida, que as pessoas falam: "Um dia você vai rir disso". Quando a gente está no meio do furacão, você acha que nada vai passar, que o dia da calmaria nunca irá chegar. E hoje eu posso dizer: tenha certeza de que essa frase é verdadeira e tem uma força tremenda. Tudo passa na vida: as coisas boas e as coisas ruins também. No momento em que essas palavras são escritas, estou aqui na cadeira do meu escritório olhando São Paulo amanhecer. Hoje a cidade ganhou tons diferentes para mim. Está linda, linda.

Dias depois, o juiz federal Danilo Pereira Júnior, da 12ª Vara de Curitiba, autorizou a retirada da tornozeleira eletrônica. A decisão é baseada no indulto natalino editado pelo ex-presidente Michel Temer, que prevê o cumprimento de um quinto da pena para não reincidentes, como é o meu caso. Enfim, estou livre, livre, livre. Agora, em liberdade, posso circular sem me sentir vigiada como em um *Big Brother*. Então, me chama que eu vou...

Recomeço

Fui a primeira presa da Operação Lava Jato. Fiquei atrás das grades de março de 2014 a junho de 2016, quando fechei um "suposto" acordo de colaboração premiada. Digo "suposto" porque foi um acordo que, no fundo, só acabou me prejudicando. Eu sei o que passei! O verdadeiro inferno que vivi. E todas as pressões e os desmandos que cada preso da Lava Jato enfrentou.

Aos 53 anos, a Nelma que escreve estas últimas linhas, pode-se dizer, é uma mulher em construção. Não digo "nova mulher", porque é impossível dar um *reset* em tudo que aconteceu. Nessa minha trajetória, conheci pessoas incríveis. Mas eu também encontrei o outro lado. E talvez você nem queira saber... Posso dizer que hoje eu conheço gente como a palma da minha mão. Sei bem quem é bandido, sei mais ainda quem pertence à categoria de escória da humanidade. É preciso diferenciar bem essas duas classes. Bandido é sempre bandido. É uma pessoa de palavra, que honra o que diz, assume os compromissos acertados sem precisar assinar documento algum das burocracias do homem. E mais: é aquele tipo de pessoa com quem você pode contar sempre. Sempre! Ponta firme mesmo! Por outro lado, a nossa sociedade está repleta de gente que se acha bandida, se diz bandida e age como tal, mas, no fundo, passa bem longe disso. São pessoas até bilionárias, de certa influência, que geralmente enriqueceram aplicando golpes, se achando espertas, e levando sofrimento a milhares de pessoas, sem qualquer escrúpulo. Desse tipo de ser humano a gente sente o cheiro de longe. Não é preciso procurar muito.

Hoje posso dizer que estou pronta para tudo: para me reinventar a cada dia e, principalmente, disposta a aprender com meus erros, melhorar e refletir para acertar. Ninguém é perfeito, muito menos eu. Tudo o que faço é, sobretudo, pensando em minha família – em meu irmão e, claro, em minha mãe. Sempre ela. No momento em que mais precisei, eles foram a base, ponta firme mesmo. Não me deixaram esmorecer e foram guerreiros ao sufocar a tristeza que carregavam. Óbvio que eles nem precisavam me dizer, mas eu sabia o quanto eles estavam desmoronados emocionalmente quando iam me visitar na cadeia. Faziam de tudo para me ver bem e feliz, na medida do possível. Gratidão é muito pouco o que sinto por eles. Gratidão também aos nomes amigos que apareceram em meu caminho, como Maria Amália, que se tornou minha grande confidente, uma irmã para todas as horas.

Eu me considero uma beleza rara. E não estou afrontando ninguém. Eu já tive tudo aquilo que o dinheiro pode comprar. Mas eu quero muito que este livro, de alguma forma, possa mudar a cabeça das pessoas: que antes de julgar o outro, é preciso conhecê-lo de verdade. As aparências enganam muita gente. E nem tudo que reluz é ouro. Mesmo! Vou repetir aqui o que escrevi no dia 26 de dezembro, no meu diário na cadeia. Um excerto do romancista e poeta francês Victor Hugo: "O futuro tem muitos nomes. Para os fracos, é o inatingível. Para os temerosos, o desconhecido. Para os valentes, a oportunidade!". Para que serve o dinheiro? Ele só serve para você colocar em cima da mesa, olhar para ele e saber quem é de quem e quem manda em quem. Eu coloquei muita grana em cima da mesa, grana minha, comprando e vendendo dólares. E essa relação é a mesma coisa de quem compra e vende carro. Eu só ficava com um pequeno valor. Mas e quantas vezes o cara que vende um serviço qualquer também não sonega, corrompe? Quem nunca fez que atire a primeira pedra.

Para aqueles que me julgam apenas pelos relatos que leem na imprensa, vou dizer uma coisa: eu me orgulho de nunca ter feito uma operação envolvendo dinheiro público. Eu nunca desviei um centavo que seria destinado à educação, à saúde ou de impostos pagos pelos brasileiros. Seria incapaz disso. Por isso, para mim, é muito difícil esse julgamento público. Principalmente quando me comparam a políticos e empresários que desviaram milhões de impostos para manter uma vida de luxo e requinte.

Esta não é mais uma história sobre a Lava Jato. Longe disso. Era o momento de eu contar a minha versão sobre os fatos e apresentar os bastidores da carceragem da PF e sobre a tal República de Curitiba. Esta é a jornada de uma brasileira em busca de seus sonhos. Que cada leitor a interprete como quiser: para o bem ou para o mal. Se é que eles existem.

A jornada da imperatriz da Lava Jato termina aqui. Nunca nada para mim foi meio-termo. Sempre foi o tudo ou nada. Tem algumas coisas que a gente não muda! A verdadeira Nelma Kodama permanece como uma obra de páginas abertas, de uma trajetória que não terminou. Mas isso é assunto para outro livro.

Anexos

Newton Ishii certa vez mandou para Nelma uma mensagem
de Whatsapp com seu bebê

25/04/13

Nelma, bom dia.

Orei bastante por você na hora de explosão e depois

Explodir e desabafar é bom e faz parte da nossa válvula de escape, senão outras coisas são prejudicadas.

Agora é bom guardar munição para hora e local certo. Que em breve aparecerá a oportunidade.

Continue firme

Do amigo.

Gerson Almada

Eu era responsável pela limpeza geral do nosso espaço. Lembre-se de que eu era a única mulher ali. Num desses dias de faxina eu perdi a calma e explodi porque os grandes empresários do ramo da construção faziam xixi no chão do banheiro. Aí gritei: "Vocês pensam que estão na suíte presidencial do Plaza Athénée ou na casa de vocês?" Pouco depois, recebi esse bilhete de Gerson Almada

A imperatriz da Lava Jato

> FIQUE TRANQUILA! ESTOU BEM!
> SÓ ESTOU FOCADO NO DIÁRIO
> PARA BRIA A MANINA E
> NAS VÁRIAS CARTAS QUE
> RECEBI.
> QUANDO FICO FOCADO E
> CONCENTRADO AS VEZES
> PAREÇO SOLITÁRIO.
> O 1º BILHETE VOU DAR A
> MEU CUNHADO. DEPOIS ELE
> ME DÁ O FEEDBACK.

Eu e Marcelo Odebrecht nos tornamos amigos por conta da prisão. Certa vez, percebi que ele estava triste e introspectivo. Ele me mandou este bilhete tarde da noite, para explicar o que estava acontecendo

> 30/MAIO/16 16:40 ACHO QUE JOAN NÃO VEM HOJE.
> O BISPO ESTEVE AQUI - FALOU POR 3MIN e OROU POR 2MIN.
> MUITO BOM! ESTOU COM SAUDADES DE MA', MÃE e TULA.
> SENDO SEGUNDA; A PILHA VAI TERMINANDO! AINDA BEM Q
> NA QUINTA ELES VEM e ENTÃO RECOMEÇA AS BATERIAS
> DO CORAÇÃO! ACHO QUE VOU TIRAR UM COCHILO!
> É ISTO!
>
> PARA NÓS... VEM UM
> PASTOR! UM PADRE! PARA O
> PRÍNCIPE " M. BAHIA! UM BISPO!
> MAS NO FUNDO! DEUS É' UNO!
> E PARA ELE SOMOS TODOS
> DELE!
> SEM ACEPÇÃO DE
> PESSOAS!
>
> 30/MAIO/2016.
> "MEMÓRIAS"
> NELMA KODAMA

Marcelo Odebrecht recebia correspondências, roupa lavada, comida, entre outras coisas, com etiqueta "Marcelo Bahia".
Nas anotações dessa minha página eu cito que M. Bahia havia recebido a visita do bispo. Enquanto os outros presos eram visitados por padres ou pastores evangélicos, Marcelo parecia ostentar um nível acima